● "三量三价"台区管理权竞拍

供电台区管理
创新与实践

国网江苏省电力有限公司
国网江苏省电力有限公司泰州供电分公司 　组编

中国电力出版社
CHINA ELECTRIC POWER PRESS

内 容 提 要

  《供电台区管理创新与实践》详细阐述了国网江苏省电力有限公司泰州供电分公司台区绩效管理的创新与实践,共包括 5 章内容,分别是电网企业绩效管理发展综述、供电所台区管理现状、"三量三价"方法的实施、"三量三价"方法的理论探讨及"三量三价"方法的推广,旨在总结江苏省台区管理创新的实践成果,从而为供电公司提供借鉴与参考。

  本书可供供电公司管理人员及相关人员阅读。

图书在版编目(CIP)数据

供电台区管理创新与实践 / 国网江苏省电力有限公司,国网江苏省电力有限公司泰州供电分公司组编 . —北京: 中国电力出版社,2024.8
  ISBN 978-7-5198-1965-1

Ⅰ.①供… Ⅱ.①国… ②国… Ⅲ.①供电管理-研究 Ⅳ.① F407.61

中国国家版本馆 CIP 数据核字 (2024) 第 049904 号

出版发行: 中国电力出版社
地 址: 北京市东城区北京站西街 19 号 (邮政编码 100005)
网 址: http: //www.cepp.sgcc.com.cn
责任编辑: 罗 艳 (010-63412315)
责任校对: 黄 蓓 郝军燕
装帧设计: 张俊霞
责任印制: 石 雷

印 刷: 北京九天鸿程印刷有限责任公司
版 次: 2024 年 8 月第一版
印 次: 2024 年 8 月北京第一次印刷
开 本: 710 毫米 ×1000 毫米 16 开本
印 张: 13
字 数: 191 千字
印 数: 0001—1500 册
定 价: 80.00 元

本书编委会

主　　任　张　强　王金虎

副 主 任　孙　洪　黄建宏　汤晓峥

成　　员　白少锋　张华成　石贤芳　赵　聂　刘　阳
　　　　　梅　婷　陈进美　张佳敏　黄宇保　缪晓刚
　　　　　卢志伟　周　旭　查显光　徐　旻　杜　浩
　　　　　王存超　戴　威　蒋宁华　冯　丽　张　科

本书编写组

主　　编　刘　阳　孔　军

副 主 编　梅　婷　陈进美　刘东亮　王盈盈

编写人员　徐国栋　滕　荣　唐　进　张　静　王锁扣
　　　　　冯　伟　陈　娅　栾忠飞　王莉莉　赵　璐
　　　　　朱建华　王华林　刘　峰　张爱军　高　荣
　　　　　王　铖　张俊玲　赵　琳　梁永昌　毕海鹏
　　　　　郑建兴　雷文静　杨玉双　艾洪宇

　　近年来，持续提升的供电服务品质促使电网企业发展方向转型，为了有效解决农电企业的组织惰性，更快地适应企业转型，亟须创新和完善台区管理制度，形成更合理、高效的台区经理管理责、权、利的分配模式，充分调动农电台区经理的积极性。

　　台区管理权竞拍是一种市场竞争和契约管理机制。国网江苏省电力有限公司泰州供电分公司（简称国网泰州供电公司）通过引入"三量三价"概念，借助荷兰式拍卖的方式实施，根据竞拍台区的来源，将台区分为增量、余量和存量三种类型，并在此基础上对不同类型竞拍台区的成交价进行充分的询价、定价和竞价，公开透明地进行台区管理权分配。通过这种方式有效地促进了管理水平的提升，传统的台区管理模式得以有效创新。鉴于此创新成果，国网泰州供电公司组织专家编写了《供电台区管理创新与实践》一书，详细阐述了台区管理权竞拍方法、步骤、原理、内涵，助力江苏省农电绩效管理人员更好地提升专业管理水平。

　　全书包含 5 章内容，第 1 章电网企业绩效管理发展综述，从全国与江苏省的对比来看农电台区管理发展历程、趋势和理念；第 2 章供电所台区管理现状，主要阐述常用的台区管理方法及江苏省台区管理尝试与成效；第 3 章"三量三价"方法的实施，讲解"三量三价"的具体内容和台区管理权竞拍，并阐述了沈高供电所"三量三价"台区管理招拍活动方案，展现实践及案例；第 4 章"三量三价"方法的理论探讨，从管理学、经济学及心理学等方面分析供电台区管理创新的理论支撑；第 5 章"三量三价"方法的推广，指出"三量三价"方法推广的路径与成效并给出"三量三价"方法推广的实施与建议，从而呈现推广的意义。

本书凝结了国网江苏省电力有限公司、国网泰州供电公司及编写组专家的智慧，为相关电力工作者的台区管理工作提供参考。由于电力行业技术与管理的不断发展，供电台区管理工作也不断面临新局面，书中编写的内容可能存在一定的偏差，欢迎广大读者提出宝贵意见并持续关注，从而共同为电网企业发展作出应有贡献。

编　者

2023 年 12 月

1 电网企业绩效管理发展综述

对企业来说，绩效管理是保障企业战略执行、提升效益效率的有力工具，是调动各级管理者与员工工作积极性的重要手段，是人力资源管理的核心工作之一。

电网企业作为关系我国国计民生的大型国企，随着国内经济的快速发展，企业规模持续扩张，内部业务结构和流程也愈加复杂，管理难度不断加大。当前，随着电力体制市场化改革进程的深入推进，电力市场竞争不断加强，电网企业面对的挑战也越来越大，只有建立一套完整度高、实用性强、科学合理的绩效考核体系，才能确保电网企业的发展战略实施，为电网企业绩效管理提供坚实的理论基础和制度保障。

多年来，电网企业高度重视绩效管理工作，认真贯彻落实国务院国有资产监督管理委员会（简称国务院国资委）关于中央企业经营管理的各项工作要求，结合电网企业特点和改革发展实际，通过持续创新绩效考核激励方式，探索构建了一套较为完备的适用于电网企业的分级分类绩效管理体系。

1.1 电网企业绩效管理发展历程

下面以国家电网有限公司（简称国家电网）为例，介绍绩效管理体系的构建历程。

国家电网成立于 2002 年，经营区域覆盖我国 26 个省（自治区、直辖市），供电范围占国土面积的 88%，供电人口超过 11 亿人，作为全球最大的公用事业企业，公司运营内容涉及电网建设运营、科研教培、装备产业、衍生金融及国际化业务等多类业务，管理二级机构 60 余家、三、四级机构上千家，全口径用工达 150 多万人，地域广、层级多、业务特性各异。

国家电网自 2004 年在公司系统层面开始全面实施绩效管理，为推进战略有效落地，公司按照"战略导向、业务融合，分级管理、覆盖全员，注重实绩、科学量化，强化应用、持续改进"原则，经过多年的探索实践，构建了一套适用于大型国有集团公司的分级分类的绩效管理体系。其间，主要经历了五个阶段。

2004—2008 年，建章立制，从无到有。国家电网成立初期，着力转变思想观念，夯实管理基础，第一时间引进并推行了绩效考核。在借鉴国资委关于中央企业负责人经营业绩考核制度的基础上，建立了集资产经营、安全生产、党风廉政建设和相关分类业务指标在内的综合绩效考核制度，并开始推行绩效考核。

2009—2011 年，明确方向，积极探索。随着国家电网系统主辅分离，直属单位功能定位优化，产业、科研单位重组整合，公司实行人财物集约化管理，明确绩效管理制度建设与工作实施要求，完善绩效管理工作流程，引导各单位从绩效考核向绩效管理转变。各单位结合实际情况，在考核模式、方法等方面积极探索实践。

2012—2017 年，统一理念，规范实践。国家电网持续加强集团化运作、集约化发展、精益化管理、标准化建设，开展绩效管理等人力资源"六统一"工作，即人力资源规划和计划统一、劳动用工制度统一、机构设置和人员编制统一、薪酬福利制度统一、绩效考核制度统一、人才培养和开发统一。统一制度标准和工作流程，实行"分级管理，分类考核"，规范三类人员（企业负责人、管理人员、一线业务人员）考核模式，明确绩效管理结果的刚性应用要求，实现了制度化、规范化、标准化，建成了全员覆盖的绩效管理信息系统。

2018—2020 年，放管结合，纵深推进。面对电力体制改革和国资国企改革新形势，国家电网不断优化创新企业负责人业绩考核工作，形成了全方位、全动力业绩考核体系，对所属单位统一设置考核模块，开展全方位考核，结合所属单位业务特点实施分类差异化考核，全面激发企业内生动力，在国资国企领域内，深化"三项制度改革"（专指深化国有企业劳动、人事、分配改革）和"放管服"（简政放权、放管结合、优化服务）

改革要求，打造"多元化、强激励全员绩效管理体系，鼓励各单位结合业务特点，因地制宜、创新丰富各类人员考核方式，不断提高考核的针对性和实效性。

2021 年，开启支撑国家电网高质量发展新阶段。紧紧围绕国家电网战略落地，贯彻落实"十四五"发展思路和"一业为主、四翼齐飞、全要素发力"发展布局，以"高质量、高效率"为目标，更加突出提质增效、绿色发展、创新驱动、风险防范，优化完善关键业绩指标体系，考评方式和激励约束机制，推动国家电网高质量发展，全面优化各级组织员工的绩效管理流程、考评方式和结果应用要求，更加注重投入产出效率效益考评，更加注重考核分配大数据分析诊断，更加注重激发内生动力和员工活力，持续推动组织和员工绩效双提升。

1.2 江苏企业绩效管理发展

国网江苏省电力有限公司是国家电网系统规模最大的省级电网公司。公司现有 13 个市、59 个县（区）供电分公司和 17 个科研、检修、施工等单位，服务全省 5077 万户电力客户。公司实现全国"两优一先"表彰在党委、党支部、党员全覆盖，先后荣获全国脱贫攻坚先进集体、国资委国有重点企业管理标杆企业等荣誉称号。

国网江苏电力坚决贯彻落实国家电网的战略部署，在充分落实上级绩效管理制度的同时作出了诸多探索与实践。2006 年之前，对基层单位负责人实施"双文明"综合承包考核；之后制定了《基层单位及企业负责人年度业绩考核管理暂行办法》；2010 年，公司发布了包括本部、基层、员工等多个绩效管理制度；2012 年，制定下发了《公司全员绩效管理暂行办法》；2013 年开始，每年对企业负责人业绩考核体系进行优化；2017 年，重新修订了公司绩效管理办法，强化绩效在岗位调整、评优评先、薪酬分配等方面的应用；2018 年，再次修订了基层单位、本部部门业绩办法，转发了国家电网推进全员绩效管理的文件。2019 年，国家电网大力推进人力资源放管服，出台优化全员绩效考核结果评定与应用的通知。2021 年，公司优化绩效管理制度，重点落实国家电网"规定动作"，严格绩效结果评定、落实考核结果应用、规范绩效流程管理。差异设置"可选动作"，将基层建议统一为公司规定要求，明确基层自主管理权，积极创新"自选动作"，加强绩效岗位退出应用、加强绩优员工倾斜应用、加强绩效经理人履职管理，引入公司绩效管理工具。国网江苏省电力有限公司在绩效管理方面也做出了诸多探索与实践。一是选树优秀典型，累计编制《优秀绩效经理人典型做法及管理成效》28 期，宣传其履职事迹及优秀做法。二是强化培训提升，制作绩效培训视频，开发《绩效经理人情景演绎式培训课程》，培养了近 20 名内部优秀绩效培训讲师。各地市多次举办绩效经理人培训班，提升绩效经理人能力素质和专业水平，激发工作热情与动力。三是创建绩效文化示范点，选树了 24 家特点鲜明、成效突出、可复制性强的绩效管理创新典范和实践先锋，进行了"绩效文化示范点"建设。同时，国网江苏省电力有限公司组织多次现场观摩学习交流活动，多维度宣传推广优秀管理经验，充分发挥绩效示范点引领示范作用。四是推广绩效工具案例，编写印发《分层分级绩效工具集》《绩效薪酬工具集》等，助力基层单位丰富多元化、亮化考核方式，提升考核激励的科学性和准确性。

起初，江苏各市、县供电公司由所属多经企业出资成立了农电公司，后经多次改革，最终演变为目前各地市的三新供电服务公司。在绩效管理方面，三新供电服务公司汲取了供电公司的优秀经验，参照制定了相关规章制度，作出了诸多管理方法和手段的探索与尝试。其中，泰州三新供电服务有限公司结合公司情况，通过优化绩效考核体系、规范农电团队绩效工资、加强对量与质的评价，摸索建立了一套基于"三量三价"（增量、余量、存量，询价、定价、竞价）台区管理权拍卖为核心的符合自身实际的农电团队绩效考核体系，有效解决了人员少、业务多、分配难的台区管理难题。

该做法先后入选《国网三项制度改革》《国网公司绩效管理工具箱》，获得江苏省电力行业企业管理现代化创新成果一等奖，赢得了国家电网肯定，并于 2022 年获评省公司优秀绩效文化示范点。

1.3 农电台区绩效管理发展历程、趋势和理念

台区管理是供电企业最小化的效益管理单元，是电网企业效益的直接体现，也是深入推动电网企业战略目标落地见效的落脚点，持续从管理、设备、人员、效益等方面着手，实施、推进及改革台区绩效管理方法，才能持续激发员工工作活力和创新创效积极性，不断提升台区管理水平，逐步实现台区管理效益最大化。

下面从农电台区的发展历程、趋势和理念方面介绍电网企业的台区绩效管理。

1.3.1 农电台区绩效管理发展历程

电网企业台区绩效管理发展历程可分为台区绩效管理实施、台区绩效精细化管理和台区绩效管理新时代创新三个阶段。

1. 台区绩效管理实施

追溯电网企业台区管理的发展，首先要回顾城乡电网建设与改造过程，20 世纪八九十年代的农村电网，大部分乡（镇）、行政村都是自筹资金兴建的方式构成低压供电的网络，农村电网从无到有，截至 1998 年，从县县通电、乡乡（镇）通电、村村通电，再到户户通电，广大农村经历了从"没有电""缺电用"到"用上电"的变化。

这个阶段的农村低压电网管理体制分为三种类型：一是城市的城区和全国 30% 左右的县级电网，由中国五大电力集团（中国华能集团有限公司、中国大唐集团有限公司、中国华电集团有限公司、中国国电集团公司、中国电力投资集团公司）和省级电力公司直供直管，实行省级电力公司统一核算；二是全国 70% 左右的县级电网，由独立核算的地方电力企业管理，其中有 1040 个县从省级电力公司购买电量转供给用户（即趸

售），还有 600 个县以地方自建的小水电、小火电供电（有的也从省级电网购买部分电量对用户供电），这两类地区的供电企业都隶属县级政府；三是乡镇以下农村低压电网，由农民自建自管，由隶属乡镇政府的乡镇电管站负责管理，此时农村电网和城市电网是分开的。

截至 1998 年，农村低压供电的网络从通电开始已经运行了几十年，由于城乡电网管理体制不同，农村低压电网由地方自己建设管理，这个时期的台区资产归属地方，台区管理存在电网设施严重老化、约占 95% 的台区配电变压器型号老旧，从配电变压器到下户线的输电供电半径长、导线线径小，安全隐患多，平均损耗率高，供电质量不稳定；且电能损耗、运行维护费用要通过电价向用户平摊，使得台区电价远高于城区。

1998 年 10 月 4 日，国务院办公厅转发了中华人民共和国国家计划委员会《关于改造农村电网改革农电管理体制实现城乡同网同价的请示》，要求在改造农村电网、改革农村供电管理体制的基础上，力争用三年时间，统一城乡用电价格，实现同网同价。至此，全国开始实施农电"两改一同价"（改造农村电网、改革农电管理体制、实现城乡用电同网同价），此轮农村电网改造主要针对的是台区之下至表计的低压线路，经过改造农村电网提升了供电可靠率、客户端电压合格率，并陆续实现农村居民生活用电价格与城镇居民生活用电价格实行同价。

在部分地区开始实现农村和城市并网后，农村电网并网改造全面铺开。2004 年前后，城乡电网逐步实现了全面并网；2010 年之前，各地地方农电企业国有产权陆续无偿划转给电网公司，城乡电网实现了统一管理、统一核算、统一价格。

虽然城乡电网实现了统一管理，和城市电网相比较，农村电网管理整体水平偏低，基础建设和人力资源管理有较大差距，这阶段的台区绩效管理刚刚初具规模。台区绩效管理实施初期，大部分地区以所为单位下达年度台区绩效指标，缺少月度分解目标值，绩效目标不具体；台区存在基础用电信息不完整的情况，难以实现分线分台区的细化管理，考核指标体系不完善；农村电网的台区员工主要由农电工构成，素质层差不齐，人员配置存在"人员少、业务多、分配难"的问题，导致不少台区无人管理、变相委托或管不到位，考核和激励机制难以得到落实。

2. 台区绩效精细化管理

农村供电所的台区的资产变更为供电企业资产，至此与城区营业所公用变压器的产权没有了差异，为进一步提升了台区的供电可靠率，缩短了城乡电网台区公用变压器的管理差距，电网企业陆续开展多轮的农村电网改造，如更换老旧设备降低台区的损耗，多地采用"小容量，多部点"的形式缩短台区供电半径等，城乡电网差距进一步缩小。

这阶段台区绩效管理体系覆盖了低压电网管理的全部工作内容，指标管理体系和考核体系健全、每项指标的考核办法和考核标准细化，台区绩效管理工作逐步方向明确、目标具体、措施有效、考核到位。

3. 台区绩效管理新时代创新

2016 年国务院办公厅转发中华人民共和国国家发展和改革委员会（简称国家发展改革委）《关于"十三五"期间实施新一轮农村电网改造升级工程意见的通知》，提出实施新一轮农村电网改造升级工程，加快城乡电力服务均等化进程，为促进农村经济社会发展提供电力保障。基于"新农村，新电力，新服务"的农电发展战略，电网企业高度重视供电所建设，加快乡镇供电所建设，提升供电所管理水平的有效方式和手段，建设覆盖乡村全域供电服务网格。

2017 年，国家电网基于之前星级供电所建设，推出"全能型"乡镇供电所建设，建立农村供电网格化管理、片区化服务的新模式，随着供电服务品质提升并伴随着企业发展方向转型、新业务、新模式出现，台区绩效进入管理创新阶段，通过创新台区管理模式，提升供电所管理服务水平，实现农电人力资源有效配置，落实"新农村、新电力、新服务"农电发展战略。

2019 年，中国南方电网有限责任公司（简称南方电网）发布了《公司数字化转型和数字南网建设行动方案（2019 年版）》《公司数字化转型和数字南网建设计划》等，对传统电力产业进行全方位、全角度、全链条的改造，提高全要素生产率，促进高质量发展。

2020 年 3 月，国家电网将"具有中国特色国际领先的能源互联网企业"确立为公司战略目标，要求深度广泛应用"大、云、物、移、智、链"等现代信息技术，推动公司数字化、智能化转型，数字电网建设将成为未来一种趋势。

2020 年 8 月 21 日，国务院国资委印发《关于加快推进国有企业数字化转型工作的通知》，就推动国有企业数字化转型做出全面部署。

目前，电网企业在持续深化"全能型"乡镇供电所建设的同时，聚焦数字赋能，建设数字化供电所，推动供电所业务工单化、工单数字化的同时，打造"业务协同联动、人员一专多能、服务一次到位"的数字化管理体系，全面提升供电所业务自动运行能力和综合管理水平，不断提高供电精准服务、便捷服务、智能服务水平，满足客户多元化、个性化、互动化服务需求。

1.3.2 　电网企业台区绩效管理理念和发展趋势

绩效管理是连接企业目标和员工目标的最有效途径，电网企业绩效管理坚持战略导向业务融合、分级管理覆盖全员、重实绩科学量化、强化应用持续改进的原则，为增强台区用电保障能力，针对台区绩效管理中存在的一系列问题，构建了一套清晰、简洁、多元化、强激励的台区绩效管理体系，充分发挥绩效考核的导向性作用，提升供电所精益化管理水平，下面就电网企业台区绩效管理体系的理念和发展趋势做介绍。

1. 绩效考核目标

电网企业台区绩效考核目标主要包括两个方面：一是建立有效的激励、约束机制，充分调动台区管理工作积极性，台区关键业绩指标达到目标管理要求,促进电网公司战略目标和年度重点工作任务全面落实;二是通过有效的绩效考核实现台区人力资源配置的优化,为员工的薪酬分配、岗位调整、员工培训、人才开发等方面的工作提供支撑,从而营造公平、公正的绩效管理环境,调动员工工作积极性,为企业、部门、员工的发展起到促进作用。

2. 绩效管理原则

电网企业绩效管理坚持战略导向业务融合、分级管理覆盖全员、重实绩科学量化、强化应用持续改进的原则。

电网企业台区绩效考核体系包括两个方面:一方面,要保障台区年度重点工作的完成,树立规范、高效的社会服务性企业形象;另一方面,在企业内部形成良好的台区绩效管理氛围,通过对台区绩效考核体系的优化、创新,提升台区绩效考核的公平性、公正性与科学性,使绩效考核能够正确衡量台区工作人员的工作能力、业绩水平。

电网企业台区绩效考核原则包括两个方面:一是全面对接和突出重点原则,全面分解落实各级业绩考核指标,结合年度重点工作和核心业务,建立重点考核方向,确保工作目标与电网企业发展战略协调一致;二是结果考核与过程管控并重的原则,强化对考核结果与过程管控力度,加大激励约束作用,通过月度考核、季度分析、年度评价的有机结合,实现绩效考核工作全过程的可控、能控、在控。做到员工绩效考核结果与员工薪酬收入相挂钩。

3. 全面推行台区精细化管理

供电营业所按配电台区将管理责任落实到人,并将台区指标分解考核到人,实行"一台区一指标"的分台区管理模式,实行台区指标承包的目标管理方式。台区管理以规范化为前提,以台区责任制为基础,以精细化为取向,以实现机制创新、企业增效的经营管理目标。

4. 持续优化、创新台区绩效管理

电网企业台区绩效管理的优化创新遵循公平与公正、定量与定性相结合的原则，最大限度地保证绩效考核的真实性和全面性。

电网企业台区绩效管理的优化创新主要体现在以下三个方面：

（1）提升绩效考核指标的科学性、合理性。

（2）提升绩效考核结果的真实性。

（3）提升员工对考核的认可度。

通过对绩效考核体系优化设计，完善绩效考核流程，提高员工参与度，完善绩效沟通与反馈渠道建设，定期进行组织与员工的考核与评价，获取员工对绩效考核的真实意见，这样既保证了考核结果的有效性，又能够赢得广大员工的支持和认可。同时，一个员工认可的考核结果不仅能帮助员工了解自身不足，而且也为员工的绩效改进提供目标和方向。

其中，国网泰州供电公司在台区绩效管理中就以问题为导向，充分应用多维精益管理理念，科学设置台区多维质效评价指标体系和台区经理激励机制，创新实现"询价—竞价—后评价"闭环管理，向内挖潜充分激发基层农电员工的积极性，驱动农电台区管理资源优化配置，助力国网泰州供电公司提质增效工作向末端延伸，前瞻性地走出了一条符合当今农电工作现状的独具特色的管理之路，持续推动了泰州农村电网高质量发展。

1.4 常用的绩效管理方法

考核制度是绩效管理方法创新的助推器，绩效管理是增强战略执行力的一套方法，它将个人绩效、个人发展与公司目标有机结合，通过持续改善个人绩效和团队绩效来持续改善公司绩效，并确保公司战略的执行和业务目标的实现。为了考核达标，管理方法要不断地更新。

1.4.1 绩效管理方法

如何实施绩效管理，目前企业采用的绩效管理方法各具特色，随着企业管理水平的不断提高，企业使用较多的绩效管理方法主要有以下几种：

1. 目标管理法

目标管理指由下级与上级共同决定具体的绩效目标，并且定期检查完成目标进展情况的一种管理方式，是依据组织预定的管理目标，对组织领导人及其员工的绩效进行检查、考核、评估，并根据目标的完成情况来确定奖惩的一种方式。

目标管理法属于结果导向型的考评方法之一，以实际产出为基础，考评的重点是员工工作的成效和劳动的结果。目标管理法体现了现代管理的哲学思想，是领导与下属之间双向互动的过程，也是当前比较流行的一种员工绩效考评方法。

目标管理法的实施过程一般经过制定目标、实施目标、信息反馈处理、检查实施结果及奖惩四个步骤。目标管理法的评价标准直接反映员工的工作内容，结果易于观测，所以很少出现评价失误。由于目标管理的过程是员工共同参与的过程，所以该方法能够提高员工工作积极性，增强员工责任心和事业心。

2. 360 度绩效评估法

360 度绩效评估法，又称为全方位考核法，其特点是评价维度多元化，为了使员工的绩效考核更加公平、公正、公开，企业把绩效考核主体由单纯的上级考核扩展为所谓的 360 度考核的形式。360 度考评系统是由多层级相关考核主体（如同事、上级、下级及客户等）填写考核某人的调查问卷表，然后用计算机系统对所有的反馈信息进行系统汇总加以分析，得出考评结果。

实施 360 度绩效评估法打破了传统考核制度，管理层获得的信息可反映出不同考核者对于同一被考核者不同的看法，提高了信息的准确性，反馈的信息更全面。360 度考核方式因其收集的信息量很大，采用这种评估方法投入的时间会增加，因此考核成本会提高。同时，在评估中会出现一些不实的打分现象。

3. 关键绩效指标法

关键绩效指标（key performance indicator，KPI）是通过对组织内部流程的输入端、输出端的关键参数进行设置、取样、计算、分析，衡量流程绩效的一种目标式量化管理指标，是把企业的战略目标分解为可操作的工作目标的工具，是企业绩效管理的基础。

关键绩效指标法是通过对企业的战略目标进行分析，通过建立评价指标体系、设定评价标准、审核关键绩效指标的过程、设定关键领域的绩效指标、明确部门的主要职责，并以此为基础，把关键绩效指标用于衡量工作人员工作绩效表现的量化指标，明确人员的业绩衡量指标，构建绩效计划形成考核体系的方法。

关键绩效指标法能够把个人和部门的目标与公司整体的目标紧密联系起来，可引导正确的目标发展，集中测量公司所需要的行为，定量和定性地对直接创造利润和间接创造利润的贡献做出评估。

4. 平衡计分卡

平衡计分卡（balanced score card，BSC）是当前常见的绩效考核方式之一，指标体系能够协助公司高层快速而全面地考察企业业绩，主要从财务、客户、内部运营、学习与成长四个角度来衡量企业，将企业的战略落实为可操作的衡量指标和目标值的一种新型绩效管理体系。

平衡计分卡是通过图、卡、表来实现规划，平衡计分卡系统包括战略地图、平衡计分卡及个人计分卡、指标卡、行动方案、绩效考核量表。在直观的图表及职能卡片的展示下，能够层次分明、量化清晰、简单明了地展现部门职责、工作任务及承接关系。

近期，平衡计分卡开始进入中国，目前很多企业都在尝试推行平衡计分卡这种绩效考核方式。

5. EVA 价值管理

经济增加值（economic value added，EVA）是业绩度量指标，与大多数其他度量指标不同之处在于：EVA 指标考虑了给企业带来利润的所有资金成本。基于 EVA 指标的绩效管理方法，把企业内部制定的很多离散指标统一成一个最终指标，为企业创造价值。

EVA 指标能够科学、合理地衡量经营者企业贡献水平，能够对企业在一定时期内创造的业绩进行动态计量，EVA 价值管理既适用于企业层面，也适用于部门层面，甚至对于项目或产品的业绩考核同样适用。

基于财务的 EVA 绩效管理对公司内部的财务体系提出了非常高的要求，所以对财务分析系统不是很完善、财务数据难以达到可供分析判断的需求的企业，实行 EVA 价值管理时需要加以具体调整。

1.4.2 电网企业绩效管理指标体系

绩效管理方法均有一定的适用对象和范围，通过关键绩效指标法与其他绩效管理方法结合，可以组成不同的绩效管理体系，一套科学的、实用的绩效管理体系不仅有利于企业的良好发展，还可以营造公平、公开、公正的竞争环境，在员工的日常工作中提供正确的指引，为员工的职业发展提供广阔的通道，在激发员工劳动积极性的同时，促使员工开发自身潜能，使他们更加投入工作，为企业健康、可持续发展提供坚实的基础，因此绩效管理体系已在许多业务类别多、工作性质复杂的大型企业内得到了很好的运用。

企业的管理、发展、生产、运营目标各有其特性，电网企业特性主要体现在两个方面：一是电力是国民经济有序、快速发展的保障，电网企业在保障电力安全及实现社会公共责任、供电的经济性和可靠性的同时，还需要坚持创新、协调、绿色、开放、共享五大发展理念，将履行社会责任与企业的日常经营和企业的战略相结合；二是由于电力的无法储存，电网企业要实现电力的安全供应，保障电力系统安全稳定地运行，对其电网设备有极高的技术要求，在电能输配经营过程中需要大量的人力和物力投入。

由于企业战略目标的不同，有效的绩效评价体系在各企业中表现也各不相同，适应众多大中型企业的卓越绩效管理体系不能完全反映电网企业的特性，电网企业在绩效管理的实践中，需要结合电力独有的安全、技术、服务、绿色等特性，通过运用绩效思维模式，采取关键业绩制、目标任务制、工作积分制等绩效考核方式，结合精益化管理探索符合电网发展的绩效管理指标体系。

电网企业创建实用的绩效管理体系，需要紧紧围绕企业的战略目标发展布局，建立全方位、全动力业绩考核体系，开展分级分类差异化考核，层层分解落实指标任务，建立"多元化、强激励"全员绩效管理体系和管理流程。

在创建实用的绩效考核管理体系过程中，需要以"实用、适用、管用"为原则创新理念，不断引入更新的理念、更新的技术，培养更多的人才，因地制宜创新丰富考核方式，不断提高考核针对性和实用性，让绩效体系与电网业务流程、组织架构的实际情况深度融合，实现精准评价，切实发挥绩效考核的正向激励作用。

国网江苏省电力有限公司在持续提升供电所精益化、网格化管理的过程中，基于所在台区的现状、存在问题，遵照国内外先进企业的做法，遵循"以人为本、激励为主"的原则，持续优化、创新，有效实现了对员工相对公平的价值评估，提高了员工的满意度、忠诚度、敬业度，有益于员工团结协作意识的培养，激发员工奉献电力企业的愿望，树立员工追求超越的信心，从而通过绩效管理带动"努力超越、追求卓越"优秀企业文化的落地生根。良好的企业文化，以及"多劳多得"工作氛围的逐步形成，将能显著提升员工生产积极性。本书通过对国网江苏省电力有限公司全员绩效管理的现状进行分析，结合国网江苏省电力有限公司的绩效管理过程和结果作出的创新举措，以国网泰州供电公司台区管理的成功案例，详细介绍国网泰州供电公司在台区管理责任分配中引入竞争机制所采用的"三量三价"竞拍模式。

2 供电所台区管理现状

目前，绩效管理的方法很多，常用的绩效考核方法有：全方位考核法（360 度）、关键绩效指标、平衡计分卡、关键成功因素（key success factor，KSF）、目标与关键成果法（objectives and key results，OKR）等。其中，KPI 是目前最受欢迎和应用最广泛的，在西方国家应用多年，相比也很成熟。但国内的一些龙头企业也尝试使用 OKR，让传统的被动工作转变成员工主动参与的新模式。电网企业的绩效管理在常用的绩效考核方法上融入企业自己的特色，绩效管理需要评价科学、激励有效、覆盖全员，充分激发员工队伍活力，不断提升企业效益、效率，促进高质量发展。绩效管理坚持战略导向，业务融合；分级管理，覆盖全员；注重实绩，科学量化；强化应用，持续改进这些基本原则。绩效执行从计划开始，先后经历绩效实施、绩效考核、结果评定、结果应用、成效评估等环节。绩效管理方法多种多样，主要以一套完成目标的方式进行考核，工作方式是被动性，考核方式虽然不单一，但绩效考核的指标会在不同工作任务中出现选择性偏移，这种被动工作存在很明显的弊端。

2.1 常用的台区绩效管理方法

电网企业根据各级组织、各类员工的工作性质、业务特点，对主流的绩效考核方法进行了本地化修编，灵活采用关键业绩制、目标任务制和工作积分制等方式，做到因地制宜、考准考实，确保考核工作的公开、公平、公正。台区绩效的管理主要有网格化绩效管理、设备主人制绩效管理、标杆供电所管理等方式。同时，也衍生出重奖重罚制、绩效系数倾斜、高占比绩效管理和绩效等级模式等创新型台区绩效管理。

2.1.1　本地化修编的台区绩效管理

1. 关键业绩制

关键业绩制是通过对企业内部的关键参数进行分析，成为一种可量化的管理指标，以达成指标为参考依据的考核方式。关键业绩从四个维度进行综合评定，涉及关键业绩指标、党建工作评价、减项指标、年度综合评价。关键业绩指标主要分为必考核项和选考核项两个大类。其中，必考核项有预算管理任务完成率、可控费用完成率、售电量、线损率、投资计划及项目计划执行准确率、全口径劳动生产率 6 个模块，选考项参照的各单位年度关键业绩指标。党建工作评价是对单位在思想政治引领、管理人员队伍建设、基层党组织建设、党风廉政建设等方面的工作考核。减项指标包括安全生产、党的建设、队伍稳定、依法治企、优质服务和品牌建设等方面的内容，未达到相关标准后可以进行减分。年度综合评价是各单位在落实公司发展战略、重点工作任务、取得重大科技创新成果、同业对标、竞赛调考等方面作出突出贡献的进行加分，如果发生严重不良社会影响和重点经济损失时间等情况则进行减分。

2. 目标任务制

目标任务制是通过工作目标设计，将组织的整体目标逐级分解，转换为单位目标最终落实到个人分目标的考核方式。目标任务从三个维度进行综合评定，涉及目标任务指标、减项指标、综合评价。任务业绩指标总分为 100 分，分为关键业绩指标和重点工作任务指标各 50 分。其中，关键业绩指标涵盖全口径劳动生产率、人力资源集约化完成率、管理变革任务完成率等 6 个目标，在此基础上再进行细分小目标，给每个小目标设定一定的考核分值，考核周期为每季度，达成目标后可获得相应的目标分值，最终累计总分数。重点工作任务指标主要包括上级单位下达的重点任务完成率和督办率。减项指标和综合评价同关键业绩指标基本相同。

3. 工作积分制

工作积分制是对技能类和服务类岗位的一线业务员工工作数量和工作质量完成情况进行量化累积计分的考核方式。一线业务人员按照工种可以分为电力生产人员、电力营销人员、供电所台区经理、工程建设人员、科技研发人员、装备制造人员、市场营销人员等，绩效考核结合业务特点，以实用、适用、管用为原则，灵活采用工作积分制的考核方式并签订绩效考核合约。班组员工绩效考核合约分为工作任务积分指标和综合评价指标两个维度，占比分别为 80% 和 20%。其中，工作任务积分指标细分为道闸操作、低压抢修、中压抢修、抢修调度等，综合评价指标细分为劳动纪律、工作态度、创新工作等。每个工作任务都按照难易程度设置一定的积分，并对应工作质量积分标准。最后，按照员工的月度、季度、年度累计分数进行评级。如季度考核满分 100 分，则年度可以要求四季度累加超过 360 分，方可评价为 A 级；四季度累加低于 280 分，直接评价为 C 级等。不同等级对应不同的绩效工资。

4. 网格化绩效管理

建立以网格为单元的客户经理管理模式，聚焦供电所安全生产、营销服务两大核心业务，以片区业务双向选择为抓手，推动人岗匹配持续优化，提升营配业务网格人力资源配置水平，调动员工的工作积极性和责任心。以自主分配单元为切入点，进一步量化绩效工资分配，充分体现"按劳分配、按绩取酬"，调动全体员工的工作积极性和创造性，整体促进供电所营配业务规范化管理水平和经营效益双提升。结合实际打破常规绩效按照供电所系数加成及考核结果等级分配绩效工资的模式，片区经理绩效工资分配与网格、片区工作任务量及完成质量挂钩。部分无法明确到人到岗的班组建设工作任务、临时工作任务及奖励扣罚等情形，按分配方式确定分配额度。

5. 设备主人制绩效管理

设备管理一直是农村电网管理中的关键环节，以人的行为为抓手，将设备划分到人，每一个设备都有自己固定的主人，同时也把设备的管理责任传递到员工。供电所的农村电网管理按照电压等级划分为高压和低压，按照专业划分为设备班组和营销班组，设备班组负责台区变压器、高压线路及其管理的设备，营销班组负责变压器低压开关至客户侧，两种不同班组的员工作为设备的主人，承接所有和设备相关的新建、巡视、维护等工作。通过对自己管辖的设备进行全生命周期管控，按照一户一册、一线一案对设备进行全景画像，实现设备实时动态评价，对异常数据和隐患等情况进行定级分类，安排专项维护。结合年度指标制定《设备主任责任制绩效评定细则》，在设备运行的全生命周期中融入绩效考核，把设备运行状况、档案管理等作为评定绩效的基础依据，推动设备精益化管理的先进理念。

6. 标杆供电所管理

提升农村电网管理效率和供电所的日常工作推进密不可分，好的供电所的管理有一套行之有效的标准，打造一支以业绩为导向，以绩效为推手的标杆供电所。供电所建设围绕专业、通用、必备条件三个部分进行评价，按照业绩指标、业务综合评价、档案管理、安全管理、培训管理、创新活动等12个维度开展全方位的评分，再细分为中压线路故障率、配电网数据质量、合格率、当年电费回收率、10kV及以下线损率等24个指标，设定计算办法和评分标准，这样将一个综合类的供电所建设评价标准和日常绩效挂扣，在网区内进行排名，排名靠前的可以进行物质奖励，在管理的过程中互相学习，互相提升。发挥班站所的标杆示范带头作用，提升公司基础管理水平。

2.1.2　创新型台区绩效管理方法

1. 关心重奖重罚的钱袋子式管理

重奖重罚制度一般可以提高员工的工作积极性，奖励政策提高员工的工作效率，利用奖惩制度堵住工作的漏洞。通过建立《公司员工奖惩规定》，在明确奖惩的依据下，公开、公平、公正奖罚制度，更好地鞭策员工奋发图强。针对安全生产、指标提升、违约窃电查处等作出突出贡献的员工给予奖励，可以在短时间内达到预期的目标。对违反劳动纪律、操作规程、玩忽职守的行为，给予重罚。奖惩的目的很明确，一方面，让基层工作做精做优；另一方面，管理员工的执行力。

2. 偏远山区绩效系数倾斜式管理

基层工作的区域分布比较广，一般情况下，越偏远的地区，管理难度相对会越难，如果所有区域都同等管理，员工会出现减轻怕重的问题，管理人员会在绩效分配方面按照一线班组的艰苦、边远程度、与电力安全生产密切程度、岗位吸引力、年度工作重点等因素分档确定，以增强偏远一线班组的吸引力。为体现向生产一线班组倾斜，在月度和年度绩效工资中，设置 1.05~1.3 的倾斜系数。对到边远班站所工作的毕业生，见习适应期满经考核合格，签订三年以上的固定工作岗位。

3. 绩效划分高占比式管理

一般国有企业的薪资结构主要由基本工资、绩效工资、津贴工资三部分组成。其中，基本工资大概占总薪酬的二分之一，绩效工资和津贴工资合占二分之一，津贴工资按照岗位类别不同基本固定，绩效工资按照工作完成情况的好坏进行小额分配。但给予基层管理人员对绩效的分配不会很大，一方面，出于队伍的稳定着想；另一方面，这种固定的薪资结构已经延续多年，要打破这种常规的薪资结构，提高绩效工资的比例，让基层管理人员有更多的话语权，可以激励"躺平式"的员工重新站起来。多劳多得对于整个团队而言相对比较公平，也能将复杂的基层工作通过绩效量化。同时，通过对业绩优者和业绩劣者的收入进行平衡，鼓励员工追求更符合企业要求的行为，起到优胜劣汰的作用，营造你争我赶的氛围。

4. 合理拉开同层级的绩效等级模式

基层管理人员的自主绩效分配权越大，对人员的控制能力将更强，强化各级基层管理人在员工绩效考核中的主体地位，激励员工为所在责任主体安全生产、经营管理和规划建设、改革发展等专项工作和改进短板、提升目标等方面做贡献。坚持多劳多得的激励导向，切实做到收入能增能减和奖惩分明，合理拉开同层级收入差距。分配方案应结合重点任务、专项工作及关键指标等制订，着重体现个人对岗位履职情况、重点任务等工作的贡献大小，不能平均分配。按照绩效工资的等级、系数一共划分为以下 9 个等级，每一个等级都对应绩效系数的比例，B2 及以上的等级是合格到优秀，B2 以下的等级为不合格到极差。表 2-1 为主分配绩效工资等级、系数及比例表。

表 2-1 　　　　　　　　主分配绩效工资等级、系数及比例表

业绩考核结果等级	A+	A	B1+不超过15%	B1不超过15%	B2	B3	B3-	C	D
	不超过 20%，其中 A+比例不作限定								
业绩考核等级系数	2	1.4	1.1	1.05	1	0.9	0.8	0.5	0

2.1.3　现有绩效管理方法的利弊

1. 台区绩效管理的优势

　　台区绩效管理通过设定以结果为导向的途径，提高工作效率，达到预期的劳动生产率。关键业绩制可以明确衡量和评估组织或个人的绩效，确保工作与组织目标保持一致。帮助员工集中精力和资源，优化工作流程，提高工作效率和生产力，使绩效评估更客观、公正，并能及时发现和纠正问题。目标任务制明确规定了员工的具体任务和目标，有助于员工理解工作重点和期望结果，能更有针对性地分配时间和精力，提高员工工作专注度。工作积分制提供了客观的评估标准，减少了主观因素对绩效评估的影响，更公平、公正。通过激励员工，提高整体团队或组织的绩效水平。网格化绩效管理通过将供电网络划分为较小的网格，可以更好地管理和监控局部网格的工作水平，及时发现和解决突出矛盾。针对不同网格提高服务质量，更加精确地了解用户需求，并将资源和人力合理分配到各个网格，提高供电服务的质量和效率。设备主人制绩效管理将设备的管理责任交给具体的责任人，激发责任人对设备管理的主动性和责任意识。设备主人制绩效管理强调责任人对设备的全生命周期管理，包括设备的维护、保养和故障处理等。责任人对自己管理的设备运行状态和问题很清楚，方便日常维护和故障修复，可以提高设备的运行可靠性。标杆供电所绩效管理是将一些关键性指标作为评价的标准，同时把优秀的供电所作为标杆，激励其他供电所争取成为标杆，并为其他供电所提供参考和学习的对象，营造一"你争我赶"的竞争环境。

2. 台区绩效管理的劣势

　　基层供电所作为电网企业的管理链条最末端，是支撑业务部门指标提升的输出者，基层管理涵盖安全生产责任、营销优质服务责任、基建项目建设落地等，同时还是供电企业和人民群众的对话窗口。基层供电所承担的责任多，背负的任务重。基层供电所落实上级部门制定的生产、营销、人资、办公室等多专业的管理要求，不仅业务流程复杂，而且监督事项密集，最终在执行过程中很难落地，在工作中普遍出现"上有政策、下有对策"的现象。不同台区绩效管理针对的策略不一样，侧重点也存在偏差，或多或少存在顾此失彼的现象。在关键业绩指标考核过程中，可能会导致员工不注重个人发展和团队合作。设定合理的业绩目标是一项挑战，需要充分考虑业务特点和可测量性，一些不能量化的指标会在工作中被弱化或被舍弃。目标任务制可能过于具体和刻板，无法应对变化的工作环境和需求。目标设置的不准确或不合理可能导致员工失去动力或感到压力过大。工作积分制可能会出现风险偏好，员工会追求高积分而忽视长期发展和能力提升，偏向关注可量化的积分，忽视员工的非量化贡献，如技能提升、团队协作等。网格化绩效管理将供电网络划分为多个网格，需要建立相应的管理机构和技术系统，增加了管理的复杂性和成本，不同网格之间的协调与合作需要更高的沟通和协调成本，尤其在跨地区、跨专业的情况下。设备主人制绩效管理需要明确责任人，但在复杂的供电网络中，责任的界定可能因为不明确而产生纠纷。同时，依赖责任人的个人素质和能力，如果责任人不尽职或能力欠缺，可能导致设备管理不善，造成严重后果。标杆供电所绩效管理是基层单位共用一套考核标准进行竞赛排名，部分小型供电所客户少、网架建设投资多，存在硬实力强的天然优势，容易提升业绩引起竞争的不公平性。为了突出拔尖供电所的高质量管理，管理者会堆积资源，引起资源分配的不均衡，不利于企业的长远发展。

2.1.4 提升现有台区绩效管理方法

1. 业绩导向，推动供电所指标提升

供电所作为整个供电企业末端管理单元，是战略目标落地的承载者、提供电力服务的执行者，承接了来自各个业务管理部门的多项工作、各项指标。传统的绩效管理通常是按照班组员工的岗位等级进行划分，一经确

定岗位等级以后，存在"干多干少都一样"的弊端。创新绩效管理，将供电所承接的各项指标细分后纳入绩效考核有助于快速提升指标，形成以业绩为导向的"比学赶超"良好氛围，以指标的高低排名来作为争优评先标准。此外，还有助于推动管理者掌握整个供电所的经营业绩情况，及时发现存在的短板、漏洞，根据实际情况调整工作侧重点，补齐短板，提升亮点。充分激发员工队伍的活力，不断提升企业效益效率，促进高质量发展。

2. 定制管理，促进基层员工能力提升

优化绩效管理，有助于激发员工持续进步的动力。供电所各基层班组辐射至各个乡镇，基层班组人员的年龄结构、岗位层级大相径庭，导致人员管理错综复杂。要管理好团队，激发基层班组人员的主动性和积极性，需要完善绩效管理，通过规章制度让员工个人与集体的步调保持一致。驱动员工在绩效中去找自身问题、寻业务短板，将提升自身能力和绩效管理绑定起来，提高员工干事创业的积极性。管理人员可以在优化绩效管理中发现员工的不足，从而有针对性地进行有效沟通，短时间内制定对应的帮扶措施，堵住管理的漏洞。由此，不仅能为基层员工解决实际问题，还能让员工感受到组织的重视，从而更加积极地参与工作，对自己所做的工作引以为荣，在工作中获得足够的荣誉感。

3. 个性引导，打破"大锅饭"管理模式

好的绩效管理不仅可以促进个人的提升，同时也会增加团队的士气。传统的"大锅饭"管理模式，所有人都承接整个供电所指标，导致员工找不到自己的定位和努力的方向，因为目标丢失、动力丢失，在日复一日的工作中迷失自我。绩效管理的创新将指标划分成一个小的单元，让每一位员工结合团队目标指标来设定可以触手可及的小目标，再将个人绩效和小目标绑定，帮助指导员工一步一步地达成，让他们在工作中找到方向，为

实现目标而感到自豪，最终个人绩效绑定的小目标将汇集实现为团队的大目标。

一个出色的绩效管理系统会让员工主动提升自己，提升团队的凝聚力，帮助整个团队实现最终的目标。在实现目标的过程中遇到问题，管理者会快速发现问题，及时介入并进行纠正，最终解决问题。同时，还可让每一位员工保持积极性并走上正轨。通过台区绩效创新模式，提升供电所的指标和生产力，提高每一个参与者的参与感和满意度，在实干担当中提升一流企业竞争力。注重实绩，科学量化。通过合理设置考核指标和评价标准，以实际工作业绩为依据，按照规范的程序和科学的方法，公开、公平、公正地对组织和员工绩效进行量化评价。

4. 人才培养，增强企业竞争力

基层工作实不实、基层基础牢不牢、基层大局稳不稳，直接关系企业发展的大局。抓好基层管理的"最后一公里"，才能将企业的百年计划执行下去。要推动基层基础管理提升走深走实，一方面，要让文化理念更先进，引导基层人员站在用户的角度、用户的利益上看问题，考虑不同用户的需求；另一方面，要让方法、手段更有效，多途径加强基层人员的工作能力建设，聚焦职能定位，制订人才"一人一策"培养方案，按照"贴近工作实际、贴近人民群众"的原则，全面提升员工岗位胜任能力，不断强化职能作用发挥，才能更好地服务广大群众，获得他们的支持，提升企业的品牌形象。

2.2 江苏台区绩效管理尝试与成效

国家电网为促进高质量发展，强化员工队伍建设，加快推进战略落地实施，出台了《国家电网公司绩效管理办法》。在战略落地上，强化绩效计划、绩效沟通辅导与过程监控管理，确保将公司战略层层分解落实到每级组织和每名员工；在责任落实上，持续加大"放管服"力度，总部管方向、管统筹、管监督、管考核，各单位抓落实，压实各级绩效管理主体责任，全面推行绩效经理人制度，创新丰富各类人员考核方式，提高考核的针对性和适用性；在机制创新上，建立容错纠错考核机制，优化绩效考核评级管理，促进考评结果更精准，推广柔性团队考核激励方式，为公司战略性重大项目任务的高效推进提供制度保障；在激励约束上，不断强化考核结果在薪酬分配、岗位晋升、员工退出、人才选拔、评优评先、培训开发、福利保障、员工关爱这 8 方面的刚性应用，让绩效优秀的人员薪酬高、待遇好、发展快，纵深推进"三项制度"改革，以改革激发活力。

2.2.1　以考核促绩效改革的新尝试

国网江苏省电力有限公司坚持"稳中求进"，按照"战略引领、精简聚焦、科学评价"的原则持续优化业绩考核体系，健全考核运转协调机制，提升考核逐级穿透力，实现责任科学分解和压力有效传递，全面激发企业活力与成长动力。

国网江苏省电力有限公司人资部在多次专项调研和绩效主题访谈的基础上，找准工作的痛点、难点，有针对性地制订合理的对策，先后研究出台加强绩效经理人管理指导意见、薪酬分配"能增能减"指导意见、加强全员绩效管理工作指导意见等，引导各单位系统提升绩效经理人履职能力。同时，各单位根据实际管理需求，创新考核评定思路，合理选择丰富多元的考核方法，准确衡量业绩贡献，有效区分绩效优劣，渐渐拉大同层级的分配差距。

例如：2020 年 9 月 7 日，国网江苏省电力有限公司常州供电公司吕墅运维班员工朱某某发现，8 月他为班组创造了 9.3 万元的"内部模拟收入"，自己当月收入也增加了。原来，朱某某在这个月主动参与了多项加班任务，通过多劳实现了多得。

在主动求变中尝到"甜头"的，不止朱某某一个人。2020 年 7 月，国网江苏省电力有限公司扬州供电分公司营销部专职王某某取得电力工程技术工程师证书。他次月电子工资条中，便多了一笔标注为"能力工资"的收入。

2020 年 12 月，国网江苏省电力有限公司省管产业单位、江苏方天电力技术有限公司中长期激励项目分红方案通过初审。该公司 2020 年度第二批 12 万元的项目分红激励逐步落地兑现。该公司产品技术中心首席工程师、国家电网专业领军人才李某某借领衔的"FT-8605 智能网荷互动终端"项目，获得相应的个人分红。

"单位业绩说到底是员工创造的，对单位的业绩考核最终会落实到员工个人。好的业绩考核体系，就是要激发基层员工动力。"刘某某介绍。

2020 年，国网江苏省电力有限公司突出放管赋能，加强指导服务，持续引导基层单位自主选择适宜的绩效管理模式，充分激发员工干事创业热情和活力。国网江苏省电力有限公司南京供电分公司推出"柔性 T+1 考核法"、国网江苏省电力有限公司淮安供电分公司实施"指标责任度"、国网泰州供电公司探索开展"台区管理权拍卖"……

从国网江苏省电力有限公司工会的职工需求调研反馈来看，与 2018 年相比，该公司 2020 年员工总体满意度提升 4 个百分点，员工对工作内容、绩效考核、薪酬分配的认可度和满意度都得到较大提升。

在文化引导方面，国网江苏省电力有限公司通过编制绩效考核工具箱、微信传播优秀绩效经理人先进经验等举措，营造尊重业绩、尊重人才、尊重劳动成果、尊重创新的绩效文化氛围。广大员工也用工作成果为国网江苏省电力有限公司多元化的业绩考核体系投下赞成票。

绩效管理在供电企业中应用越来越广泛，但对于乡镇供电所的绩效研究相对较少。乡镇供电所作为供电公司的派出机构，承担了乡镇（非城区区域）的线路维护服务，停、送电服务，抄表、电费收取等各项供电服务工作的实施。随着新电改的进一步开展，售电侧开放，社会资本进入，开展有效竞争的改革亮点备受关注。传统供电企业乡镇供电所如何通过自身绩效管理，提升综合实力，来应对社会资本组成的独立售电公司的竞争，是直接面对市场竞争前迫切需要解决的难题之一。

在公司的绩效管理中对供电所台区经理采用了责任包干制、目标任务制、工作积分制等考核方式，依据台区基础数据和用户平均停电时间、线损率、客户满意度等指标开展量化考评。因此，可以将"台区管理定额考评"采取台区管理定额记分和关键指标记分两种形式相结合台区管理定额记分根据签订的台区经理绩效管理协议书中台区工作量等要素对台区经理设定月度定额工分。关键指标记分主要采用关键指标与关键事件进行绩效加分或扣分。乡镇供电所主要业务为营销服务和运检服务。

2.2.2 绩效管理改革的成功案例

国家电网在出台《国家电网公司绩效管理办法》后，全面优化了公司绩效管理流程、各类组织人员考评方式和结果分级应用要求，确保考核激励更加精准有效，更好地激发队伍活力。其中，国网江苏省电力有限公司南京市溧水区供电分公司东屏供电所（简称东屏供电所）、国网江苏省电力有限公司盐城供电分公司东台供电所（简称东台供电所）营业班在深化绩效体系改革等方面进行了积极的探索和实践，开拓思维、创新理念，在实现从原有的绩效考核到绩效管理转变的同时，建立了一套较为先进完善的绩效管理制度，加大对一线员工的激励力度，极大地激发公司全体员工的创造力。

案例 1

东屏供电所——"122"数字化绩效管理模式让供电所"活"起来

国网江苏省电力有限公司南京市溧水区供电分公司紧扣农村供电服务工作中存在的难点问题，积极探索供电所绩效管理新模式，在东屏供电所试点"122"数字化绩效管理体系，依托数字平台、移动终端等深化数字技术应用，不断转变供电所运行模式，实现了"业务工单数字化、绩效管理数字化"，充分激发了基层员工队伍的动力和活力。图 2-1 为东屏供电所数字化营业厅。

图 2-1　东屏供电所数字化营业厅

1. 数字赋能，构建"122"绩效管理体系

　　将绩效管理与数字化供电所建设融合应用，通过拓展工作任务池、工单智能管控派发、移动作业终端应用、工作质效评价、科学动态绩效以及员工能力画像六个方面的功能，打通底层数据链条，实现对员工工作过程的线上管控、工作结果的在线考核，以及对员工绩效改进方向的精准确认。

　　（1）依托"一个平台"，建立数字绩效系统。依托农电管控中心数字化工作台，通过在平台中添加"工作看板、指标展板、所务公开、工单管理、客户服务、资产管理、绩效管理、工具集市"八大功能模块，建立数字绩效系统，为推进数字化绩效体系打好基础。图 2-2 为数字绩效系统框架。

　　（2）立足"两个维度"，实现精准考核评价。采取"按量包干+按质考核"两个维度评价方式，根据不同岗位特点，设置不同工

图 2-2　数字绩效系统框架

31

作量核算指标，从多个维度精益考核评价工作质效。台区经理设置 5 大项 15 小项指标，主要包括用电客户数、综合变数量、低压线路长度等；营业工设置 7 大项 16 小项指标，主要包括业务受理量、值班时长等。各项指标均明确评价标准及权重，精准衡量员工业绩贡献，真正体现多劳多得。

（3）设置"两类指标"，促进工作质效提升。分类设置国网 App 推广、网上国网新零售业务产品推销等软性激励指标，以及 95598 投诉工单、低电压客户数等硬性考核指标。软性激励指标为额外附加性工作，只加分不减分，强化正向激励；硬性考核指标为专业性工作，只减分不加分，凸显刚性约束。通过激励、约束员工业务行为，鼓励员工做到"规定动作不走形、自选动作干精彩"。

（4）汇集多维数据，实施线上工作管控。将营销业务应用系统、PMS2.0 系统、用电信息采集系统等多个系统的 15 项核心指标数据推送至数字化工作台，形成工作任务池，实现工单综合管控与智能派发。移动作业终端具有打卡签到、工作进度上传等功能，结合地理信息系统数据推送至工作台，完成工作任务的在线分配、统计和工作结果的在线录入，实现对现场人员工作轨迹的线上管控。

（5）开展科学评价，提升绩效考核实效。在绩效管理模块，由管理人员提前嵌入绩效考核指标体系和评分标准，由数字化工作台对员工工作量明细、工作质量指标、抢单完成情况等进行量化统计，绩效考评结果自动生成，实现工作成绩有据可依、公开透明，大大提升了绩效考核工作实效。图 2-3 为自动收集指标完成情况并计算得分。

（6）精准员工画像，明确绩效改进方向。根据员工绩效得分情况，数字化工作台以雷达图方式直观展示员工综合能力和各维度指标得分，并能追溯到各项指标的历史情况及变化趋势，便于员工了解自身不足的同时，有助于供电所管理人员基于员工能力画像进行综合分析，发现员工得分相对较低的技能和专业知识领域，明确绩效改进方向，有针对性地组织培训，提升员工业务能力。图 2-4 为员工能力精准画像。

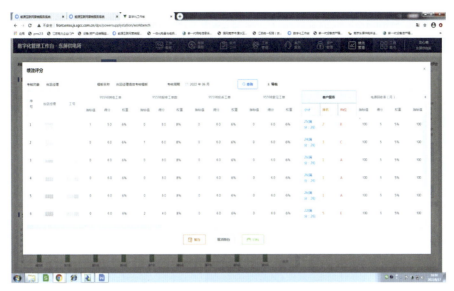

图 2-3　自动收集指标完成情况并计算得分

图 2-4　员工能力精准画像

2. 优化机制，绩效考核更加精准

（1）有效解决供电所员工队伍积极性不足问题。传统绩效考核方式缺乏多维度量化评价，部分员工"干多干少一个样"的思想根深蒂固，自身动力不足。新的绩效考核模式打破了"大锅饭"的分配制度，强调多劳多得、干好多得，拉开了薪酬分配差距，有效提升了员工工作积极性和干事创业热情。

（2）有效解决供电所管理水平不高的问题。管理人员通过数字化工作台能够全面掌握所内每个员工的工作表现和整体指标管控情况，便于对弱势指标进行精准管控，对员工专业短板开展精准培训，促进所内各项指标和员工业务能力双提升的同时，也有效提升了供电所整体管理水平。

（3）有效解决员工凝聚力不足的问题。数字化工作台实现了指标数据的自动采集和员工绩效的自动评价，摆脱了人为干扰，有效避免了论资排辈、轮流坐庄等现象，让绩效考核的全过程更加透明、公开，有效提升了员工满意度，形成"比学赶超"的良好氛围，员工多劳多得有盼头，队伍凝聚力显著提升。

3. 深化应用，全面激发队伍活力

（1）拉开收入差距，全面激发干事热情。充分应用绩效评价结果，挂钩员工个人收入，全面拉开薪酬分配差距，有效带动员工工作的积极性，供电服务质量不断提升，95598 故障报修工单数量同比下降 50%，平均到达现场时间由 24min 缩短至 20min，平均故障处理时长由 25min 缩短至 20min，日均采集成功率 100%，客户回访满意率 100%。

（2）分析数据信息，有效提升管理水平。通过应用数字化工作台，供电所管理水平得到有效提升。2021 年，东屏供电所荣获南京供电公司供电所同业对标"标杆供电所"；2022 年二季度供电所同业对标中，东屏供电所在全省 53 家供电所中排名第 12，保持 A 段定位。

（3）形成绩效文化，充分凝聚发展合力。阳光透明的绩效管理模式，有效提升了员工满意度，员工多劳多得有盼头，凝心聚力创佳绩，全所上下营造出积极向上的绩效文化氛围。东屏供电所先后获评国家电网"五星级乡镇供电所"、国网江苏省电力有限公司"全能型"示范供电所等荣誉称号。

案例 2

东台供电所营业班：多维"画像"靶向聚焦，激发供电所绩效文化发展活力

供电所是公司经营管理、供电服务的基本单元和重要细胞，支撑着公司发展和电网发展。作为供电公司服务的最基层和管理的最末端，一直是安全生产、营销服务工作落地的最前沿。

近年来，盐城供电公司东台供电所明确"提质增效、补齐短板、提升服务"三大目标，搭建"两平台"，设计"一栏、一板、一表"，解决了"评价手段少、薪酬分配难、业务效率低"等工作难题，促使经营效益效率、质效文化意识双提升，有效推动绩效文化在供电所落地生根。

1. 坚持"321"思路，深化供电所内部绩效评价应用

"321"总体思路如图 2-5 所示。

图 2-5 "321"总体思路

（1）坚持"三化"原则，搭建内模指标建设体系。坚持"全面化、实用化、融合化"的原则，明确团队绩效目标和考核办法，确定绩效考核细则内容，设置"安全生产运维、线损计量、属地管理、综合业务"等 10 项评价指标，构建供电所团队绩效评价体系。

图 2-6　签订绩效合约

1）坚持全面化，明确绩效评价主体。

一是制定完整的绩效评价细则。确定供电所年度目标任务，分解下达各班组、各员工指标任务，签订绩效合约（见图 2-6），深入推进绩效管理。

二是构建完整的工资结构。搭建"361"薪酬体系（见图 2-7），精准分配基本工资（岗位工资）、绩效工资（团队绩效工资）、辅助工资。

图 2-7　"361"薪酬体系

三是提升全员绩效管理氛围。开展多轮次、全覆盖绩效管理培训，全员发动、全员参与、全员认知，发挥绩效文化正向引导作用。

2）坚持实用化，健全绩效评价机制。

一是周督办机制。根据考核指标完成的时间节点、责任岗位，在周工作例会中对工作任务进行提醒、督办，避免漏报、迟报等现象。

二是月分析机制。每月对班组和台区经理完成工作的质量情况进行通报（见图 2-8），通过横向比对，切实增强各岗位紧迫感，提升执行力度。

三是绩效奖挂钩机制。纵向三级考核[图 2-9 为绩效奖第一层级（对供电所）、图 2-10 为绩效奖第二层级（对供电所所长）、图 2-11 为绩效奖第二层级（对供电所内部员工）］，创新设置缺员奖及专项考评奖，根据缺员率在奖金池中动态核算、二次分配，深挖内部管理潜力，充分调动员工工作的主动性和积极性。图 2-12 为绩效工资构成。

图 2-8　月度分析会通报

5 月份业务所团队绩效得分情况统计表

序号	单位	电费管理（8）	线损管理（8）	用电检查（10）	计量管理（8）	优质服务（6）	安全管理（10）	属地管理（9）	运维管理（18）	项目管理（16）	综合管理（7）	专业得分	专业加专项折算得分	综合排名
1	安丰所	100.00	96.27	71.59	99.37	100.00	100.00	100.00	96.94	100.00	100.00	96.26	96.26	4
2	时堰所	100.00	97.78	73.86	97.80	95.01	100.00	86.96	97.32	96.88	94.00	94.16	94.16	12
3	富安所	100.00	98.21	94.32	99.88	100.00	100.00	86.96	98.49	98.96	100.00	97.67	97.67	3
4	弶港所	100.00	92.47	85.80	95.05	100.00	100.00	91.30	96.30	95.83	99.00	95.40	95.40	7
5	梁垛所	100.00	98.04	76.33	99.87	94.94	100.00	91.30	94.38	99.48	100.00	95.28	95.28	9
6	南沈灶所	100.00	97.53	77.27	100.00	98.00	100.00	91.30	100.00	96.88	100.00	96.13	96.13	5
7	岗东所	100.00	91.58	97.16	97.72	78.03	100.00	73.91	94.96	99.48	91.00	93.57	93.57	15
8	三仓所	100.00	95.47	93.75	95.91	100.00	100.00	100.00	98.39	99.48	100.00	98.31	98.31	1
9	东台所	100.00	90.29	100.00	97.95	100.00	100.00	91.30	99.32	100.00	97.00	97.94	97.94	2
10	唐洋所	100.00	98.28	77.27	97.95	100.00	96.50	86.96	98.07	97.40	95.00	94.79	94.79	11
11	头灶所	100.00	100.00	86.93	99.87	100.00	100.00	86.96	97.52	95.31	97.00	96.10	96.10	6
12	五烈所	100.00	94.16	85.23	92.99	100.00	100.00	73.91	94.55	96.88	100.00	93.67	93.67	13
13	新街所	100.00	98.85	77.27	97.82	100.00	100.00	82.61	98.20	98.44	100.00	95.32	95.32	8
14	许河所	100.00	95.93	77.27	99.84	98.00	100.00	86.96	97.63	96.35	100.00	95.09	95.09	10
15	园区所	100.00	90.26	73.86	97.77	98.00	100.00	82.61	97.38	95.83	100.00	93.61	93.61	14

第 1 级：三新公司对供电所层级

图 2-9　绩效奖第一层级（对供电所）

3）坚持融合化，丰富指标评价内涵。

一是实施营配与绩效相融合。将运维管理中完成的工单数、消缺率、巡视次数、完成率确定为量化绩效评价指标，客观评价工作质效，做好营配融合。

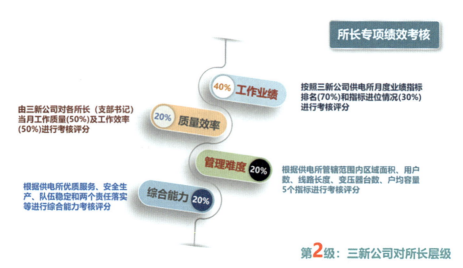

图 2-10 绩效奖第二层级（对供电所所长）

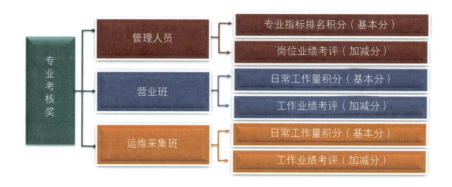

图 2-11 绩效奖第三层级（对供电所内部员工）

二是实施末端管控与绩效相融合。建立"五维四档"考核绩效评价体系（见图 2-13），"五维"由用户数、区域类型、服务距离、接地接零保护和低压线路长度及设备状态等系数组成；"四档"由 0.9、1.0、1.1、1.2 四个系数组成，精细测算评价积分。

图 2-12　绩效工资构成

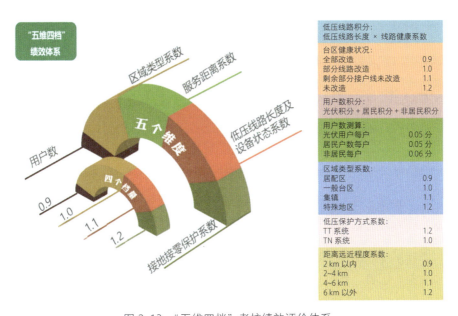

图 2-13　"五维四档"考核绩效评价体系

三是实施新业务与绩效相融合。将完成"双碳"目标、城市建设、乡村振兴、综合新业务等工作列入正向记分的绩效评价内容，保障新业务有力、有序开展，做好新业务融合。

（2）搭建"两平台"，收集展示绩效评价指标。搭建"数据收集、运行监测"两平台，建立积分管理制度，实时收集内模数据，动态监测分析，简洁高效展示结果，奠定供电所内部绩效评价基础。

一是借助数字化供电所平台（见图2-14），精准获取系统化数据信息。依托生产PMS系统、营销2.0系统、用采系统和综合管理系统平台，自动获取评价内容等相关数据。引入数据质量问题处理、业扩进展数据追溯管理流程，保证数据完整性、准确性和唯一性，提升内部考核指标计算的正确率。

图2-14　数字化供电所平台

二是建立专业管理室监测平台（见图2-15），实时动态分析指标变化。搭建关键指标数据可视化大屏，全面跟踪监测供电所内部专业管理和台区经理工作质量和进度完成情况。以供电所积分排名、内部评价专业岗位效益、服务、管理指标得分情况，为改进工作措施提供合理依据。

（3）依托"一栏、一板、一表"，拓宽绩效分析结果应用。

1）设置供电所公示栏（见图2-16），场景展示更立体。绘制供电所指标明细的公示内容，直观反映供电所多层次经营情况，运用木桶效应，识别供电所的优势与改进环节，因地制宜明确改进措施，提高供电所管理质效。

2）现场展示员工绩效看板（见图2-17），成效呈现更透明。按月将供电所内部评价指标分解至每一个台区经理，量化个人工作积分，促进其

图 2-15　专业管理室监测平台

图 2-16　供电所公示栏

主动查找短板，形成"分析差距—查找原因—改进绩效—业绩提升"的管理闭环，营造"比学赶超"的对标氛围，实现工作能力提升。

　　3）建立综合管理评价表，数据共享更丰富。开展清单式所务会，研究排查整改方案和措施。定期进行内部数据共享，相关岗位和人员沟通谈话进行信息反馈，现场整改"销号"，形成供电所管理评价表，不断总结和优化管理方式。图 2-18 为绩效面谈及管理评价表。

图 2-17　员工绩效看板

供电所月度考核修改申请表

修改原因	例1：××台区户名××。总户号785200×××。因终端故障原因造成抄表失败。形成抄表工单（挖损不合格一天），本月度考核扣分8分，不属台区经理维护不及时。申请不考核扣分。 例2：××年×月×日在××台区农网施工配合施工政处和到岗到位。没有发现安全违章，申请不考核扣分。		
	台区经理（签名）		
复核人员签名			
岗位	签名	复核结果和意见	
班长			
技术员			
核算员			
安全员			
营销员			
支部书记（副所长）			
所长			

注：1 申请修改原因要据实际填写，如复核结果不属实不得免考核，考核记分发布后
　　　2 个工作日内申请有效。
　　2 岗位人员要按照对应的专业指责进行复核，填写复核结果和意见并签名。

东台供电所员工五月份团队绩效分配表

序号	责任人	基本工作量积分					业绩考核分	得分	岗位系数	管理系数	业绩合计得分	计算系数	兑现总积分
		台变工作量	台变数量	10KV线路巡检长度	专变	积分合计							
1	钱××	124.22	33	13.45		127.0	137.4	264.4	1.30	1.0	343.7	1.3	343.7
2	金××	109.31	24	8.52		110.9	126.5	237.5	1.30	1.0	308.7	1.3	308.7
3	曹××	116.26	36	10.26		119.0	130.6	242.6	1.20	1.0	324.5	1.3	324.5
4	周××	118.30	30	27.15		121.5	131.7	253.5	1.20	1.0	329.5	1.3	329.5
5	徐××	120.36	42	12.45		131.0	120.0	251.0	1.30	1.0	326.3	1.3	326.3
6	丁××	113.40	22	9.75		115.4	127.5	243.1	1.20	1.0	316.1	1.3	316.1
7	梁××	112.10	35	10.42		121.4	126.6	247.9	1.30	1.0	322.3	1.3	322.3
8	未××	115.63	24	14.16		117.4	132.8	250.2	1.30	1.0	335.3	1.3	326.3
9	王××	158.48	31	34.6		161.7	126.6	288.3	1.30	1.0	374.8	1.3	374.8
10	朱××	160.88	39	46.2		165.1	125.9	291.0	1.30	1.0	378.3	1.3	378.3
11	曹××	162.71	36	46.5		166.8	132.6	299.3	1.30	1.0	389.1	1.3	389.1
12	姜××	136.88	35	37.4		140.5	112.3	252.8	1.30	1.0	328.6	1.3	328.6
13	陈××	82.60	14	41.5	224	133.9	117.5	251.4	1.20	1.0	326.6	1.1	326.6
14	陈××	129.63	36	35		133.2	125.4	258.6	1.30	1.0	336.2	1.3	336.2
15	冯××	113.06	25	47.5		116.7	121.9	235.6	1.30	1.0	310.2	1.1	310.2
16	陈××	221.17	45	45.5		225.8	111.4	337.3	1.30	1.0	436.4	1.3	438.4

图 2-18　绩效面谈及管理评价表

2. 打通管理"最后一公里",精益化供电所有序推进

供电所员工工作主观能动性得到明显提升,呈现出不肯干到抢着干,抢着要管台区的良好工作氛围,多劳多得、少劳少得、兼顾平衡的绩效考核目标基本达成。

一是发挥出主观能动性。实施团队绩效工资后,根据工作量和工作业绩形成了员工工资收入的差异化,台区经理月收入差距在 300~800 元之间,做到奖勤罚懒,营造出"你追我赶"的良好干事氛围。

二是工作质效大幅提升。通过建立团队绩效管理体系,强化了"人人肩上有任务、每项工作有指标"的意识,激发了管理岗位和台区经理的工作热情和活力。在 2021 年 4 月 30 日和 2023 年 7 月 10 日特殊恶劣天气抢修过程中,东台供电所快速响应、精心组织,最短时间内恢复正常供电,赢得了政府、企业及用户的赞许(见图 2-19)。

图 2-19　东台供电所获得政府、企业及用户赞许

三是专业能力有所突破。将专业管理工作质量与绩效管理充分结合,

提高了专业管理效能，在安全运维、线损计量、资产管理方面都取得了较好的业绩。同期线损百强所 2022 年 1—8 月份创成 7 次。在服务城市建设重点工程如东兴高速建设、日月湖饮用水安全、北海路东延穿越高铁站等重大工程中，坚持第一线协调政处矛盾，未发生一起工单。

3. 形成"主人翁"心态，切实发挥绩效激励作用

（1）建立分类、多维相结合的评价机制。破除"一刀切"思想，立足"三化"（全面化、实用化、融合化）原则，建立"五维四档"考核体系，科学设置评价指标，多维收集评价数据，依照参与程度、角色定位、职责分工、工作特征的不同，分类实施具体评价，形成了一套定性和定量相结合、操作简便易行、结果普遍认同度高的评价机制，凸显了绩效管理的评价诊断功能。

（2）提高员工责任心、使命感及凝聚力。通过"一栏、一板、一表"的展示沟通方式，创新运用专项奖等绩效奖挂钩机制，建立了纵向沟通、协调配合、定期谈心反馈的绩效工作方法，聚焦提升员工的理解高度和认知价值贡献，打造出全能型台区经理和专业管理人才，激发出员工争先进位的主动性和创造性，让员工真正想做事、能做事、做成事。

（3）实现绩效管理"三基"化。探索出一套计划、实施、分析、反馈、整改的绩效闭环管理机制，利用好基层各项数据管理平台，强化基层基础基本功，真正提升各环节工作效率，将绩效管理向纵深发展，在最基层入脑入心、生根结果，帮助促进供电所管理规范高效，有效推动农电专业管理工作提质增效。

案例 3

沛县供电分公司朱寨供电所——线上线下融合，过程全面监控，打造供电所台区经理绩效管理新模式

国网江苏省电力有限公司沛县供电分公司朱寨供电所依托能

源互联网营销服务系统的数字化供电所工作台，有效应用绩效管理模块，深化"线上＋线下"有效融合，全面构建"业务积分全量化、绩效排名公开化、考核分配透明化"的台区经理绩效管理新模式，实现台区经理日常工作的工作分配、绩效排名、绩效评分和监督检查全过程管控，全面透明公开台区经理在工作中的成绩、问题和不足，形成了与收入直接挂钩的绩效考核评价结果，有效解决了绩效"人情管理、关系管理"等诸多问题，极大调动了台区经理的"肯干"热情，培育了员工的"能干"氛围。

1. 线上线下融合，过程全面监控的具体做法

（1）全面细化指标颗粒。充分结合台区经理工作实际，围绕生产运维能力、营销服务能力和综合管控能力三个主要因素建立指标体系，涵盖电费回收率、线损合格率、低压用户采集成功率等 12 个分项。另外，结合当前重点工作，技术难度、工作数量、工作时间等合理分配权重，形成可量化、颗粒细的指标清单。线上量化指标清单如图 2-20 所示，线下量化指标清单如图 2-21 所示。

图 2-20　线上量化指标清单

线下量化指标清单

序号	姓名	得分	电费回收率	在线监测合格率	低压用户采集失败数	移动作业终端完成的自主工	移动端工单完成成本（发电）	复电超期工单数	关口低电压数	配变超载数	配变重载数	95598投诉工单数	95598意见工单数	电流三相不平衡数
分占比		11.00	1.00	1	1	1	1	1	1.0	1.0	1.0	1	1	1
4	王×	85.7	0.00	15.00	10.00	5.70	10.00	5.00	5.00	5.00	5.00	10.00	10	5
5	郑×	85.7	0.00	15.00	10.00	5.70	10.00	5.00	5.00	5.00	5.00	10.00	10	5
6	朱×	85.7	0.00	15.00	10.00	5.70	10.00	5.00	5.00	5.00	5.00	10.00	10	5
7	袁×	85.4	0.00	15.00	10.00	5.40	10.00	5.00	5.00	5.00	5.00	10.00	10	5
8	朱×	85.1	0.00	15.00	10.00	5.10	10.00	5.00	5.00	5.00	5.00	10.00	10	5
9	曹×	85.1	0.00	15.00	10.00	5.10	10.00	5.00	5.00	5.00	5.00	10.00	10	5
10	丁×	85.1	0.00	15.00	10.00	5.10	10.00	5.00	5.00	5.00	5.00	10.00	10	5
11	陈×	85.1	0.00	15.00	10.00	5.10	10.00	5.00	5.00	5.00	5.00	10.00	10	5
12	马×	85.1	0.00	15.00	10.00	5.10	10.00	5.00	5.00	5.00	5.00	10.00	10	5
13	陈×	84.5	0.00	13.50	10.00	6.00	10.00	5.00	5.00	5.00	5.00	10.00	10	5
14	王×	84.5	0.00	13.50	10.00	6.00	10.00	5.00	5.00	5.00	5.00	10.00	10	5
15	李×	84.5	0.00	13.50	10.00	6.00	10.00	5.00	5.00	5.00	5.00	10.00	10	5
16	甄×	84.5	0.00	13.50	10.00	6.00	10.00	5.00	5.00	5.00	5.00	10.00	10	5
17	尹×	84.2	0.00	13.50	10.00	5.70	10.00	5.00	5.00	5.00	5.00	10.00	10	5
18	潘×	83.9	0.00	13.50	10.00	5.40	10.00	5.00	5.00	5.00	5.00	10.00	10	5
19	王×	83.9	0.00	13.50	10.00	5.40	10.00	5.00	5.00	5.00	5.00	10.00	10	5
20	刘×	83.6	0.00	13.50	10.00	5.10	10.00	5.00	5.00	5.00	5.00	10.00	10	5
21	甄×	82.85	0.00	12.75	10.00	5.10	10.00	5.00	5.00	5.00	5.00	10.00	10	5
22	徐×	82.1	0.00	12.00	10.00	5.10	10.00	5.00	5.00	5.00	5.00	10.00	10	5
23	刘×	81.35	0.00	11.25	10.00	5.10	10.00	5.00	5.00	5.00	5.00	10.00	10	5
24	张×	81.35	0.00	11.25	10.00	5.10	10.00	5.00	5.00	5.00	5.00	10.00	10	5
25	许×	70.1	0.00	0.00	10.00	5.10	10.00	5.00	5.00	5.00	5.00	10.00	10	5

图 2-21　线下量化指标清单

（2）全新开展任务派发。采取"直接派单＋主动领取"形式分配工作，一方面，派单工作台依据设备运行状态、运维检修等动态信息，通过"技术要求"准入机制，筛选符合要求的台区经理，自动将任务工单下达给台区经理进行执行；另一方面，台区经理结合自身承担责任及业务能力，依托客户经理移动终端机自主派单，承接设备巡视、轮换表计、上门预约服务等工单任务。工作台派单如图 2-22 所示，移动终端自主派单如图 2-23 所示。

（3）全程检测工作状态。通过数字化供电所工作台和客户经理移动终端机数据联动，台区经理现场巡视轨迹、作业信息自动上传，巡视杆塔数量、隐患管控完成质量等运维作业数据信息也能够自动感知和记录。同时，绩效经理人通过系统数据检查，诊断工作开展过程中的信息完整度，提前管控员工工作完成质效，有效提升管理效能。台区经巡视轨迹如图 2-24 所示，消缺前、中、后如图 2-25 所示。

图 2-22　工作台派单

图 2-23　移动终端自主派单

图 2-24　台区经理巡视轨迹

图 2-25　消缺前、中、后

（4）全面评价工作质效。将台区经理考核体系和量化指标积分规则嵌入数字化供电所工作台绩效管理模块，在工作闭环后根据工作表现自动形成积分。同时，绩效经理人结合工作质量、业务难度等进行科学调整，形成台区经理月度绩效结果，并作为月度二次绩效奖金发放依据。每月开展绩效复盘分析会，讨论上月绩效考核情况并做解释说明，每季度开展一对一绩效沟通，促进绩效螺旋式提升。绩效分组评分如图 2-26 所示。

图 2-26　绩效分组评分

（5）全员参与绩效管理。开展绩效明星榜及排行榜制度，每月对绩效排名第一的员工进行线上公示，以表激励。同时，对所有台区经理绩效结果在所内公开，一定程度避免"躺平"苗头，鼓励员工奋发进取，比学赶超。图 2-27 为线上排名第一员工，图 2-28 为台区经理绩效排名表，图 2-29 为台区经理绩效得分排名公示。

图 2-27　线上排名第一员工

序号	姓名	得分	电费回收率	在线线损合格率	低压用户采集失败数	移动作业终端完成的自主工	移动端工单完成率（发电）	复电超期工单数	关口低电压数	配变超载数	配变重载数	95598投诉工单数	95598意见工单数	电流三相不平衡数
1	张×	86	0.00	15.00	10.00	6.00	10.00	5.00	5.00	5.00	5.00	10.00	10	5
2	唯×	85.7	0.00	15.00	10.00	5.70	10.00	5.00	5.00	5.00	5.00	10.00	10	5
3	辛×	85.7	0.00	15.00	10.00	5.70	10.00	5.00	5.00	5.00	5.00	10.00	10	5
4	王×	85.7	0.00	15.00	10.00	5.70	10.00	5.00	5.00	5.00	5.00	10.00	10	5
5	郑×	85.7	0.00	15.00	10.00	5.70	10.00	5.00	5.00	5.00	5.00	10.00	10	5
6	朱×	85.7	0.00	15.00	10.00	5.70	10.00	5.00	5.00	5.00	5.00	10.00	10	5
7	莫×	85.4	0.00	15.00	10.00	5.40	10.00	5.00	5.00	5.00	5.00	10.00	10	5
8	朱×	85.1	0.00	15.00	10.00	5.10	10.00	5.00	5.00	5.00	5.00	10.00	10	5
9	曹×	85.1	0.00	15.00	10.00	5.10	10.00	5.00	5.00	5.00	5.00	10.00	10	5
10	丁×	85.1	0.00	15.00	10.00	5.10	10.00	5.00	5.00	5.00	5.00	10.00	10	5
11	陈×	85.1	0.00	15.00	10.00	5.10	10.00	5.00	5.00	5.00	5.00	10.00	10	5
12	马×	85.1	0.00	15.00	10.00	5.10	10.00	5.00	5.00	5.00	5.00	10.00	10	5
13	陈×	84.5	0.00	13.50	10.00	6.00	10.00	5.00	5.00	5.00	5.00	10.00	10	5
14	王×	84.5	0.00	13.50	10.00	6.00	10.00	5.00	5.00	5.00	5.00	10.00	10	5
15	辛×	84.5	0.00	13.50	10.00	6.00	10.00	5.00	5.00	5.00	5.00	10.00	10	5
16	霞×	84.5	0.00	13.50	10.00	6.00	10.00	5.00	5.00	5.00	5.00	10.00	10	5
17	罗×	84.2	0.00	13.50	10.00	5.70	10.00	5.00	5.00	5.00	5.00	10.00	10	5
18	滇×	83.9	0.00	13.50	10.00	5.40	10.00	5.00	5.00	5.00	5.00	10.00	10	5
19	王×	83.9	0.00	13.50	10.00	5.40	10.00	5.00	5.00	5.00	5.00	10.00	10	5
20	刘×	83.6	0.00	13.50	10.00	5.10	10.00	5.00	5.00	5.00	5.00	10.00	10	5
21	甄×	82.85	0.00	12.75	10.00	5.10	10.00	5.00	5.00	5.00	5.00	10.00	10	5
22	徐×	82.1	0.00	12.00	10.00	5.10	10.00	5.00	5.00	5.00	5.00	10.00	10	5
23	刘×	81.35	0.00	11.25	10.00	5.10	10.00	5.00	5.00	5.00	5.00	10.00	10	5
24	张×	81.35	0.00	11.25	10.00	5.10	10.00	5.00	5.00	5.00	5.00	10.00	10	5
25	许×	70.1	0.00	0.00	10.00	5.10	10.00	5.00	5.00	5.00	5.00	10.00	10	5

图 2-28　台区经理绩效排名表

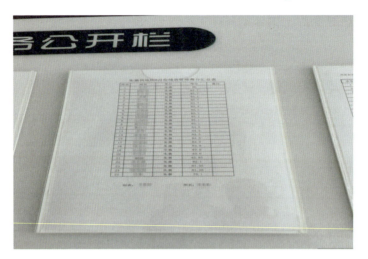

图 2-29　台区经理绩效得分排名公示

2. 新管理模式的推广价值及示范效应

（1）任务获取灵活。有效改变了传统方式下员工只能被动接受任务，无法规划自身绩效的被动局面，主动领取任务的方式充分调动了员工主动参与工作、主动发现并消除隐患的积极性，提升了整体动能，工作效率大幅提升。员工掌握了接收任务的主动性，变事后绩效累计为事前绩效规划，有效形成了整体工作与员工绩效的互动反馈。

（2）绩效结果合理。系统自动调取台区经理作业数据，解决了传统上的工作量统计容易出错、头绪繁杂等问题。同时，人工修正使绩效结果更真实、可靠，所有的指标都有数据进行支持，对考核结果进行全面量化。公开、公正的绩效结果使员工对绩效制度体系的理解和认可得到增强，提升了凝聚力、执行力和创造力。

（3）人员提升加快。良好的绩效管理，有效促进了绩效结果的应用，绩效考核结果成为推荐员工个人发展、学习培训的重要依据。近三年，供电所内 3 人实现技能等级提升，1 人实现职称晋升。

（4）有力推动指标提升。有效量化的指标体系紧紧围绕上级公司对考核工作的新要求、新目标制度，各权重与专业考核、重点工作任务进行高

效衔接，精准的指标体系有利于推动各项考核指标的提升。依托"线上 +
线下"融合考核，绩效更加精准客观，考核更加公平公正，建立了有效的
正向激励，各项指标显著提升。

（5）有效激发人员活力。台区经理考核结果与工资奖惩紧密挂钩，
突出"多劳多得"的激励导向，员工内在动力被充分激发，争先、创优意
识显著增强。员工工作绩效和岗位任用、薪酬待遇相结合，营造"真抓实
干、比学赶超"的大氛围，提高了员工主观能动性，反向激发了供电所的
内在潜力。

3

"三量三价" 方法的实施

近年来，随着经济的快速发展，电力需求增长旺盛，供电公司管理的设备数量大幅增长，业务量增大，给供电台区管理也带来了难题。在传统的绩效管理模式下，直接给台区经理分配任务、指派工作，会导致员工积极性不高，极大地影响工作质效。为了解决上述问题，国网泰州供电公司通过以"三量三价"台区管理权拍卖模式为核心的绩效管理体系，激发员工内生动力，精准有效地解决了台区管理难题，持续提升了台区管理水平，激发员工内生动力，切实发挥了精准绩效评价、显著提质增效的作用。

3.1 "三量三价"方法的形成与落地

姜堰供电所台区现场常出现以下情景：数十名台区经理踊跃竞价，争夺台区的管理权。姜堰区供电分公司创新实施绩效管理，定期对辖区缺管台区进行管理权限和服务责任的招拍管理，探索在台区管理责任分配中引入竞争机制，明确各供电所"三量"（增量、余量、存量）台区范围，划分"三量"台区标段，形成竞拍标的物。结合台区服务半径、设备运维状况等核心要素，按照"三价"（询价、定价、竞价）流程，采取荷兰式拍卖的方式，组织台区经理进行拍卖，确定台区管理责任人和管理收益，实现台区管理责任和管理收益分配过程的公开化、透明化、市场化。图 3-1 为姜堰供电所台区管理招拍现场会。

图 3-1　姜堰供电所台区管理招拍现场会

3.1.1 背景

1.台区管理权竞拍模式体系构建实施背景

（1）响应国家建设社会主义新农村战略的需要。党的十九大报告中指出："实施乡村振兴战略。农业农村农民问题是关系国计民生的根本性问题，必须始终把解决好'三农'问题作为全党工作重中之重。"把建设方向逐渐从城市建设转向了乡村建设。在社会主义新农村的战略中，我国明确指出要将农村地区建设成为环境优良、设施完善的新农村。而农村发展，电力先行，农村电网作为农村重要的基础设施，对促进农业发展、改善农民生产生活条件具有不可替代的作用。当前，台区作为农村电网的基础管理和服务单元，是供电企业面对客户的重要媒介，而台区管理人员的工作效率对农村用电服务的整体发展起到了至关重要的作用。然而，受农电发展方向和其他客观因素影响，2014—2018年连续五年农电无新进人员补充，再加上原有员工逐年老化、人员不断流失，农电员工人数特别是从事台区管理的人数开始出现急剧下降。因此，加快台区管理体制改革，不仅是提升农村电网整体工作效率，确保农村电力有序发展的关键性举措，同时也是响应国家号召的具体体现，符合国家社会主义新农村建设的政策导向。

（2）落实国家电网"新农村、新电力、新服务"农电发展战略的需要。国家电网根据新时代、新形势发展要求，提出了"新农村，新电力，新服务"的农电发展战略，助力社会主义新农村建设。在新农村的建设中，农村电力发展建设是现阶段重要的发展方向之一。目前，我国农村经济发展速度不断加快，农村基础设施也在不断完善，因此为了更好地实现"三新"农电发展战略目标，加强乡镇供电所管理有着重要意义。现阶段，大部分乡镇供电所普遍处于缺员状态，员工工作负担普遍较重，人均管辖客户数出现指数性上涨，台区管理责任分配难度与日俱增。若以目前的情况，人员流失产生的缺管台区及业务需要产生的新台区如何管理，将是今后工作的首要问题。因此，创新台区管理新模式，既是提高供电所管理服务水平，实现农电人力资源有效配置的关键措施，也是落实"新农村、新电力、新服务"农电发展战略的重要手段。

（3）国网泰州供电公司高质量发展的需要。随着地区经济社会的不断发展，农村城市化建设逐渐趋于完善，与此同时，农村电网受以往计划经济"大锅饭"思想影响和农电人员客观素质限制，普遍对先进的绩效管理手段及知识接收度不高。不少供电所的分配管理还是简单粗暴的"平均分配"，严重影响了台区经理的工作积极性。传统的管理手段已经不能满足新时代下农村电网发展的迫切需求。随着供电服务品质提升和企业发展方向转型，综合能源服务等新业务、新模式层出不穷，台区管理难度也在进一步加大。因此，为了有效解决农电企业的组织惰性，更快地适应企业转型，打造更合理的农电员工责任分配机制，就亟须创新和完善台区管理制度。引导加强台区专业管控能力，建立台区工作效率评价机制，不仅是提高台区管理指标的有效手段，更是助力国网泰州供电公司高质量发展的需要。

2. 农电管理状况及探索

姜堰区地处苏中之中，是泰州市东门户，位于长三角城市群和江淮生态经济区战略交汇点，总面积 857.8km²，常住人口 67.1 万人，下辖 9 个镇、4 个街道、1 个省级经济开发区、1 个省级旅游度假区。姜堰区先后荣获国家生态文明建设示范区、全国健康旅游示范基地、全国休闲农业与乡村旅游示范区、中国建筑之乡、中国民间文化艺术之乡等 10 多个国家级荣誉称号，连续多年入选综合实力百强区、投资潜力百强区、新型城镇化质量百强区。

姜堰区供电分公司，共设 9 个职能部室，3 个支撑机构，2 个产业单位。截至 2023 年 12 月，公司共有全民职工 230 人，平均年龄 39.3 岁，其中党员 130 名。农电员工 336 人，平均年龄 45.5 岁，其中，党员 148 名。公司境内现有 500kV 变电站 1 座，220kV 变电站 6 座，110kV 变电站 18 座，35kV 变电站 3 座，变电总容量 3692MVA。共有 500kV 线路 10

条，220kV 线路 32 条，110kV 线路 49 条，35kV 线路 10 条。公司共有公用配电线路 301 条，公用配电变压器 6138 台。姜堰全区用电客户 44 万户。姜堰区供电分公司先后获评国家电网文明单位、泰州市"骏马奖"等多项荣誉，2020 年 11 月 6 日，国家电网原主要领导在沈高供电所调研座谈时，对公司在基层供电所创新创效、队伍建设、服务地方发展等方面的工作给予高度肯定。

近年来，由于各种客观因素的影响，农村电力人力资源几乎呈现断崖式下降。供电所面临着人员年龄结构老化、退休员工增多、技能水平不足等现实问题，加上农村用电需求的高速发展，供电所的业务量增大，管理压力和服务压力也与日俱增。与此同时，直接指派台区经理、分配台区，员工积极性不高，出现变相委托、管不到位等不良状况，导致供电所管理分配难。综上所述，供电所出现的人员少、业务多、分配难问题，极大地影响了农电管理与客户服务工作的成效，成为横亘在台区管理工作面前的"三座大山"。以姜堰区供电分公司为例，目前共有农电职工 336 人，平均年龄 45.5 岁，其中台区经理 136 人，台区管理工作面临空前压力。近五年，台区经理人均管辖客户数上升了 19.62%，台区管理责任分配难度与日俱增，台区经理绩效薪金"干多干少一个样""干好干坏一个样"，严重影响台区人员工作积极性。为了提高台区管理和服务水平，需要充分激发台区经理的积极性，打破"平均主义"和"大锅饭"，盘活现有的人力资源，为客户提供更好的分服务。

姜堰区供电分公司经过积极实践探索与创新，引入市场竞争机制和契约管理机制，借助荷兰式拍卖的方式实施台区管理权竞拍，在双方自愿的基础上，公开透明地进行台区管理权分配，全力解决现阶段存在的农电人员短缺、业务复杂繁多及任务分配困难等诸多难题，始终以促进人力资源优化配置为主线，强化企业规范管理，注重人才队伍建设，改善台区管理现状，促进农电管理升级，谋求企业员工幸福，提升农电管理工作质效，实现企业运营效益最大化。

2018 年 2 月 1 日，淤溪供电所成为第一个"吃螃蟹的人"，将辖区内 1576 户、26 个台区划分为 5 个区域进行台区管理权竞拍。作为姜堰区首个台区管理权竞拍试点供电所，淤溪供电所不仅有效缓解了人员短缺情况，同时也激发了员工干事的动力、营造了多劳多得的绩效氛围、实现了企业与员工的"双赢"。图 3-2 为淤溪供电所竞拍现场。

图 3-2　淤溪供电所竞拍现场

2018 年 11 月 15 日，姜堰供电所紧随其后，加入了"摸着石头过河"的行列，姜堰供电所将辖区内空出的 134 个台区、8590 户的管理权分 11 个区域进行公开透明竞拍。此次竞拍夯实了农电管理基础，探索绩效管理新举措，实现了所内人力资源的均衡配置。

2019 年 9 月，沈高供电所开展"三量三价"台区管理招拍活动。通过充分询价、合理定价、公平竞价，对 72 个增量、余量台区（共 3183 户）、29 个存量台区（共 1201 户）采用荷兰式拍卖模式，公开透明分配台区管理权，利用"成交履约"机制，明确奖惩考核细则，保障员工责权利对等。沈高供电所"三量三价"台区管理权竞拍既是姜堰供电人创新绩效管理举措，着力打造姜堰台区管理权竞拍示范样本，也是践行"人民电业为人民"宗旨，助推"美丽乡村"建设的生动实践。图 3-3 为沈高供电所竞拍现场。

2022 年 7 月，在姜堰区供电分公司绩效管理工作的推动下，开发区供电所鉴于人员自然减少等情况，严格按照《泰州三新供电服务有限公司姜堰分公司台区管理权竞拍实施细则》，对供电所范围内 9 个区域，68 个

图 3-3　沈高供电所竞拍现场

台区计 7237 户实施台区管理权竞拍。此次竞拍再次促进了农电管理的改进和创新，持续提高农电管理的整体绩效和管理能力。图 3-4 为开发区供电所竞拍现场。

图 3-4　开发区供电所竞拍现场

3.1.2 "三量三价"的具体内容

1. "三量三价"的概念

"三量"即增量、余量、存量。统筹全所"缺管"台区，组织所内业

图 3-5 "三量"示意图

务骨干，梳理台区地理位置和服务用户数，划分成相应竞拍标段，竞拍标段来自增量、余量、存量三类台区。图 3-5 为"三量"示意图。

（1）增量台区指由于行政区域调整、供电所整合、新增集中居住区等出现的新增台区。

（2）余量台区指因人员自然减少出现的剩余台区。

（3）存量台区指由于台区经理业务能力、年龄、身体等原因引起指标落后，需要协助管理的台区。

"三量"台区的明确，锁定了台区责任划分的痛点和难点，精准确定了竞拍台区数量，为竞拍的成功开展打下基础。

"三价"即充分询价、合理定价、公平竞价。对于划分的标的物，按照询价、定价、竞价流程组织竞拍，将台区管理责任和管理收益分配到竞得台区经理。图 3-6 为"三价"示意图。

1）充分询价。供电所通过多方咨询，综合各种因素测算本供电所各台区基准价，作为台区竞拍活动基准价。

在询价阶段，各供电所应按增量、余量、存量三种性质对台区进行分类并分别询价，其中增量和余量同价。紧接着以外询已竞拍供电所平均成交价格和内询台区经理期望成交价格，按 7∶3 的比例计算作为测算询价，再以该供电所绩效工资中每月可以拿出用于竞拍的资金作为团队竞拍绩效资金，加上供电服务公司按月奖励该供电所的竞拍资金，除以竞拍总户数和竞拍区域管理系数均值，作为允许最高询价，其中对存量台区允许

图 3-6 "三价"示意图

最高询价进行相应折算。最后，以测算询价和允许最高询价中较小值为确定询价。

确定询价：测算询价和允许最高询价中较小值。具体公式为，测算询价 =（外询价格 ×0.7+ 内询价格 ×0.3），允许最高询价 =（团队竞拍绩效资金 + 公司奖励资金）/ 竞拍总户数 / 竞拍区域管理系数均值。其中，存量台区允许最高询价 = 增量台区允许最高询价 × 存量台区测算询价 / 增量台区测算询价，确定询价 =min（测算询价，允许最高询价）。

2）合理定价。供电所台区基准价乘以竞拍管理系数作为起拍价，竞拍标段中含多个台区时，起拍价由各台区加权确定。各台区管理系数可根据台区的营销、运维、服务指标现状每年进行动态调整。

3）公平竞价。竞拍人员根据自身条件（包括自身管理能力、台区与自己的家庭距离等）及台区现状，在价格区间内进行公平竞标。台区经理按照起拍价和相应价格阶梯，逐步降价报价，直至达到设定的最低价（一般为起拍价的 70%）或无人再次报价后，双方达成一致，拍卖主持人倒数三次后落锤成交，竞拍人最后一次的报价即为均衡成交价。

借助"三量三价"原则，供电服务公司在竞拍规则制定的过程中，不仅能够实现最终交易结果的公正性，同时也能充分实现起拍价格的合理性。

2. 荷兰式拍卖

拍卖方式主要有英格兰式拍卖、荷兰式拍卖、第一价格拍卖、维克瑞拍卖等。常用的英格兰式拍卖（又叫升价拍卖）初始时卖方公布物品的底价，作为初始时的当前价格，买方的叫价必须超过当前价格才能被接受，接受后随即成为新的当前价格，当前价格维持给定的时间后，叫出当前价格的买方即以当前价格购得物品。也就是投标者由低往高出价，最后出价最高者以最终出价赢得拍卖。英式拍卖容易受到现场氛围的影响，但可以最大限度地提高商品的价值。

第一价格拍卖是一种"密封"式拍卖，并且买方出价是同时性，而非序惯性；众多买方以书面投标方式竞买拍卖品，出价最高者将以其出价水平获取拍卖品。因为参与者不知道别人的出价，于是会以自己心理价位的最高报价出价，从而提高成交概率，商品的成交价格有可能会提高很多。

维克瑞拍卖也称为第二价格密封拍卖。这种拍卖方式与第一价格"密封"拍卖基本相同，区别仅在于胜出者需要支付的价格是第二高的报价，而不是自己的报价。如果出价最高者赢得拍卖，却只需要支付第二高价，那就会激发每个人都出高于自己心理价位的更高价，导致最后真正的成交价远高于预期。

荷兰式拍卖也称降价拍卖，是一种特殊的拍卖形式，拍卖人先将价格设定在足以阻止所有竞拍者的水平，然后由高价往低价喊，第一个应价的竞拍者获胜，并支付当时所喊到的价格。荷兰式拍卖最早出现在1887年，当年由于花椰菜获得了大丰收，出现了供大于求的局面。为尽快摆脱困境，减少因产品腐烂变质造成的损失，一位种植者发明了不同于传统的升价式拍卖的降价式拍卖。此后，随着交易量的增加和技术的进步，人们于1906年开始采用拍卖大钟进行交易，钟上刻度代表价格，在拍卖时钟的指针从最高向最低价旋转，拍卖钟和买者座位上的电子按钮相连，当钟的指针指到某个买者愿意接受的价格时，买者迅速按钮，则指针停止于某价格，表示该商品已被此价格买进。如今，随着科技的进步，荷兰式拍卖在形式上发生了很大变化，由最传统的人工式无声拍卖发展成为表盘式无声拍卖。

相比于其他拍卖方式，荷兰式拍卖成交过程特别迅速，尤其是使用表盘式无声拍卖方式，使拍卖过程机械化、电子化，交易速度大大加快。降价式拍卖经常用于拍卖品价值随时间不断递减或者品质良莠不齐的场合，如质量上的不同，第一个出价最高的竞拍人可以买走全部商品，但往往只以最高价买走拍卖商品中质量最好的，然后拍卖继续，价格下降，当另有竞拍人愿意接受竞价，同样也可以选择买走余下商品中最好的，然后拍卖又继续。降价式拍卖通常从非常高的价格开始，当价格很高时，往往没有人竞价，这时价格就以事先确定的数量下降，直到有竞买人愿意接受为止，这种拍卖方式的优势在于当价格降到竞拍人心理价位区间的最上限，竞拍人就有很大可能购买，如不及时竞买，其他竞拍人可能把所有物品买走，或者买走质量最好的那一部分。对管理质量参差不齐的台区采用荷兰式拍卖，有利于台区的快速竞拍，为了竞拍到管理质量良好的台区，台区经理会积极竞价，从而激发竞拍台区经理的积极性。

在台区管理荷兰式拍卖中，首先各供电所需要选定台区并上报竞拍方案，通过充分询价对各个台区合理定价，台区起拍价为台区基准价乘以管理系数，台区基准价与辖区总户数、人员配置率等因素相关，管理系数由营销指标、运维指标、服务指标等因素确定，最终得到台区的竞拍价。通过荷兰式减价拍卖方式，由台区经理现场竞价，当价格很高无人竞价时，这时价格就以事先确定的降价幅度下降，直到有竞买人愿意接受为止。竞拍成功的台区经理需要负责按时保质完成竞得台区的各项指标，但同时也可以获得相应收益，多劳多得，充分调动台区经理积极性。

3.1.3 台区管理权竞拍

姜堰区供电分公司台区管理人员（台区经理）减少，且没有人员补充，台区管理工作需要重新分配或新增台区，组织指派负责台区管理可能造成矛盾，探索在台区管理责任分配中引入绩效竞争机制，通过荷兰式竞拍（减价竞拍）的方式，现场确定台区管理责任人和管理收益，将台区管理责任和管理收益分配过程公开化、透明化、市场化。公司通过建立内部模拟市场，引入了市场竞争机制和契约管理机制，对台区管理权进行荷兰式拍卖，使企业在市场的自我调控下，构建起新的运行机制，从而实现企业优化生产要素配置、降低生产成本、提高生产效率和经济效益的目的。

1. 适用范围

台区管理权竞拍适用于因台区经理年龄结构老化、退休员工增多、后续力量不足等原因，管理中出现缺员、变相托管或管不到位等情况的供电所。通过引入"三量三价"的概念，根据竞拍台区的来源将台区分为增量、余量和存量三种类型，并在此基础上对不同类型竞拍台区的成交价进行充分的询价、定价和竞价。

2. 参与条件

在规定期限内提交《台区管理权竞拍人申请书》，经公司台区管理权竞拍人资格审查确认后，审查符合台区管理权竞拍资格，持《台区管理权竞拍人资格审查确认书》，允许参加现场竞拍。申请人应为本供电所员工，存量台区竞拍的原台区经理不得参与竞拍。

3. 竞拍规则

（1）公司在公告规定的时间、地点组织竞拍活动，竞拍活动主持人由供电所所长担任。

（2）竞拍活动按下列程序进行：

1）主持人宣布竞拍会开始。

2）主持人宣布竞拍人员到场情况。

3）主持人介绍竞拍台区的地理位置、各项指标情况等。

4）主持人宣布竞价规则。

5）主持人公布竞拍台区的起拍价、竞拍最低价、减价幅度，宣布竞价开始。

6）竞拍人举牌应价或报价。

7）主持人确认竞拍人应价或者报价后，继续竞价。

8）主持人连续三次宣布同一应价或报价，无人再应价或出价，且该价格不低于竞拍最低价的，主持人落槌，表示竞拍成交，宣布竞得人。

9）供电所所长与竞得人当场签订《竞拍成交确认书》。《竞拍成交确认书》包括双方名称、台区名称、成交时间、地点、成交价格等。

备注：竞拍过程中的减价幅度为1分的正整数倍。竞拍过程中，禁止出现串标、围标等行为，否则竞拍无效。

4. 台区管理权竞拍实施细则

通过在淤溪供电所、姜堰供电所的摸索、实践、总结，姜堰区供电分公司根据《泰州三新供电服务有限公司姜堰分公司薪酬分配管理办法》，结合公司前期实践与实际情况，制定《泰州三新供电服务有限公司姜堰分公司台区管理权竞拍实施细则》。

该细则中明确规定了供电公司及各供电所的职责划分，确保分工明细准确，有助于竞拍活动的有序开展。其中，泰州三新供电服务有限公司姜堰分公司全面负责台区管理权竞拍工作的管理工作，主要职责包括：贯彻落实国家电网公司绩效管理规章制度与标准，制定公司台区管理权竞拍实施细则并组织实施，负责审批各供电所台区管理权竞拍实施方案及指导、检查、监督和考核各供电所台区管理权竞拍工作。而各供电所则主要负责台区管理权竞拍的具体组织实施，主要职责包括：负责本供电所台区管理权竞拍的方案制订、负责本供电所台区管理权竞拍的具体组织实施及负责竞拍资料的收集归档和保管。

5. 实施流程

姜堰区供电分公司通过编制竞拍方案标准模板，固化了从方案拟定到资料归档的 12 步规范流程（见图 3-7），最终形成了一套可复制和推广的管理机制。

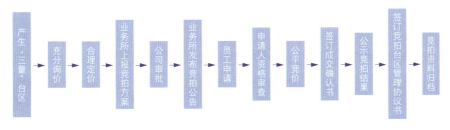

图 3-7　台区管理权竞拍流程图

在一套完整的竞拍流程中，姜堰区供电分公司在竞拍方案提交之前，先要产生"三量"台区，并在充分询价后，进行合理定价，紧接着各供电所根据竞拍实施细则制订竞拍方案，提前 15 个工作日向公司提交台区管理权竞拍申请。公司在进行审核批复后发布竞拍公告，各供电所按照询价定价情况和审核批准后的竞拍方案在所内发布台区管理权竞拍公告，召开竞拍动员会，鼓励员工参与竞拍。随后由申请人向各供电所提出申请，供电所初步审核申请人竞拍资格后上报公司，公司进行审查确认。其中，明确申请人应为本供电所员工，同时存量台区的原台区经理应不得参与竞拍。申请人一旦确认完毕，各供电所便可组织实施现场竞价活动，公司安排人员现场观摩监督，确保活动的公正有效。在竞价结束后，各供电所应与竞得者现场签订《竞拍成交确认书》，并在公司系统内对竞拍结果公示。公示结束后，各供电所还应与竞得人签订《台区管理协议书》，并报公司备案。最后，各供电所负责收集竞拍申请、审批、竞拍活动实施、协议书等相关资料，并进行整理归档。

（1）供电所调查需要招拍台区情况，产生"三量"台区。在充分询价基础上进行合理定价，制订台区管理招拍工作方案。

首先，要明确竞拍台区标准，针对农村地区新建小区增多及地方行政区域调整等原因导致的台区"待分配"状态，哪些台区可以拿出来竞拍，需要有明确的标准。姜堰区供电分公司基于前期调研和实际竞拍经验，将由于行政区域调整、人员自然减少、台区管理质量差异等原因，需要供电所安排专人管理或协助管理的台区，作为选作竞拍台区的依据。各所竞拍台区的选定应相对集中，按照就近、便于管理的原则，将所有缺管台区进行区块式分类，实行分片、分区域集中竞拍。竞拍台区可以是单个台区单独进行，也可以多个台区一起进行，每个区域累计户数不得低于 200 户。

然后，要区分竞拍台区差异，鉴于各个竞拍台区的产生原因以及管理现状均有所差异，因此有必要对竞拍台区进行差异化区分。姜堰区供电分公司以事实为依据，在结合台区现场管理状况的基础上，对各台区进行综合分析，将所有台区统一划分为增量、余量及存量三大类。其中，增量台区指由于行政区域调整、供电所整合、新增集中居住区等出现的新增台区；余量台区指因退休、辞职、调离等人员自然减少出现的剩余台区；存量台区指由于台区经理业务能力、年龄、身体等原因引起指标落后，需要协助管理的台区。"三量"台区的明确，锁定了台区责任划分的痛点和难点，精准确定了竞拍台区数量，为竞拍的成功开展打下基础。

（2）充分询价。

（3）合理定价。

在确定竞拍台区后，通过充分询价和合理定价确定台区的起拍价。充分询价是各供电所根据台区经理平均管辖户数，向所内台区经理、已竞拍供电所、已竞拍台区经理等多方充分询价的方式，初定基价，上报公司核定。

合理定价是为了保证起拍价的差异性和公平性，对标的物进行划分，根据标的物台区确定管理系数和起拍价。主要针对供电台区服务半径、设备运维状况、在线缴费比例、投诉风险等因素，合理确定台区管理费基准单价（起拍价）及价格区间。设备状况好、服务半径小、供电密度大、在线缴费比例高、民风淳朴投诉风险低的台区，起拍价低，反之，起拍价高。

定价过程按竞拍区域分别确定，首先，各供电所应在区域确定询价基础上，乘以该所人均户数和全部供电所人均户数比值及该供电所人员配置率来计算获取基准价；然后，计算确定各竞拍区域内台区管理系数的平均值。为了保证模型构建的合理性与通用性，姜堰区供电分公司以前期实践经验为参考依据，对照定价标准，选取了分别代表营销、运维及服务三个方面的七项指标作为衡量计算台区管理系数的标准，具体管理系数确定方式参照表3-1。

表3-1　　　　　　　　指标系数表

系数	营销指标		运维指标		服务指标		
	线损率（%）	电费回收率（%）	配电变压器超重载	三相不平衡	故障报修	三入完成率（%）	服务半径（km）
0.8	≥0，≤4	100	0	0	0	≥95	≤2
1.0	≥−1，<0 或 >4，≤5	≥99.9，<100	≥1，≤3	≥1，≤3	≥1，≤3	<95，≥90	>2，≤5
1.5	>5，<−1	<99.9	>3	>3	>3	<90	>5

比照指标系数表，应统一在营销、运维及服务三个大方向内对各自的指标划分权重相乘加总，然后重复第一步操作，对三个加总值划分权重相乘再加总来确定管理系数。最终，基准价和管理系数的乘积作为起拍价，同时为了避免成交价有失公允，竞拍的最低成交价为起拍价的70%。具体公式为，基准价 = 确定询价 ×（该供电所人均户数 / 全部供电所人均户数）×（该供电所员工数 / 该供电所定员数），台区管理系数 =（线损率系数 ×0.5+ 电费回收率系数 ×0.5）×0.3+（配变超重载系数 ×0.5+ 三相不平衡系数 ×0.5）×0.2+（故障报修系数 ×0.3+ 三入完成率系数 ×0.3+ 服务半径系数 ×0.4）×0.5，起拍价 = 基准价 × 区域内台区管理系数均值。

（4）供电所上报竞拍方案。

（5）公司对供电所上报的竞拍方案进行审批，获得批复同意后组织实施。

（6）供电所发布竞拍公告。各供电所按照询价定价情况和审核批准后的竞拍方案在所内发布台区管理权竞拍公告，召开竞拍动员会，鼓励员工积极参与竞拍。

（7）员工申请。台区管理招拍竞买人向各供电所提出申请。

（8）申请人资格审查。供电所初步审核申请人竞拍资格后上报公司，公司进行审查确认。申请人应为本供电所员工，存量台区竞拍的原台区经理不得参与竞拍。

（9）竞拍活动实施申请。开展"三量"台区管理权招拍，公平竞价。在公告规定的时间、地点组织现场公平竞拍活动，竞拍活动主持人由供电所所长担任，台区经理根据竞拍规则现场竞拍。竞拍活动应邀请当地公证处人员现场监督，公司人力资源部、营销部现场观摩指导，确保竞拍工作公开透明。活动过程中，由主持人介绍竞拍台区的地理位置、各项指标情况以及竞拍规则，在公布完竞拍台区的起拍价、最低价、减价幅度后正式开始竞拍活动。整个竞拍活动为动态报价方式，允许竞拍者在公平竞争的环境中多次报价，从而能够快速达到各自预期的台区成交收益线。一旦主持人连续三次宣布同一应价或报价，无人再应价或报价，且该价格不低于竞拍的最低价时，主持人落槌表示竞拍成交，宣布竞得人。

（10）由供电所所长与竞得人当场签订《竞拍成交确认书》，《竞拍成交确认书》包括双方名称、台区名称、成交时间、地点、成交价格等。

（11）竞拍结果公示。竞拍活动结束后 3 个工作日内，公司在系统内进行公示竞拍结果。

（12）公示结束后，各供电所与竞得人签订《台区管理协议书》，并报公司备案。

（13）竞拍资料归档，各供电所负责收集竞拍申请、审批、竞拍活动实施、协议书等相关资料的整理归档。归档资料包括台区管理权竞拍申请、公司批复文件、台区管理权竞拍公告、竞拍人申请、竞拍人资格审查批复、《竞拍成交确认书》、竞拍结果公示、《台区管理协议书》、其他应归档的材料。

6. 台区管理协议

姜堰区供电分公司开展的台区管理权竞拍活动，相关台区经理竞得了部分台区的管理权。为确保竞得人按时保质完成竞得台区的各项指标，明确双方的责权，特做如下要求。

（1）竞得人工作职责。

1）负责管辖区内输电线路巡视、配电线路设备运行维护、抢修、客户故障报修、采集运维、电费催收、线损管理等工作。

2）严格执行农电现场标准化作业，落实"三防十要"["三防"，即防止触电伤害、防止高空坠落伤害、防止倒（断）杆伤害。"十要"的第一条，工作前要勘察施工现场，提前进行危险点分析与预控；第二条，检修、施工要使用工作票，作业前现场进行安全交底；第三条，施工现场要设专人监护，严把现场安全关；第四条，电气作业要先进行停电，验明无电后即装设接地线；第五条，高空作业要戴好安全帽，脚扣登杆全过程系安全带；第六条，梯子登高要有专人扶守，必须采取防滑、限高措施；第七条，人工立杆要使用抱杆，必须由专人进行统一指挥；第八条，撤杆撤线要先检查杆根，必须加设临时拉线或晃绳；第九条，交通要道施工要双向设置警示标志，并设专人看守；第十条，放、撤线邻近或跨越带电线路要使用绝缘牵引绳]。"反六不"（反电气作业不办工作票、反作业前不交底、反施工现场不监护、反电气作业不停电、反不验电、反不装设接地线）等反事故措施，杜绝违章行为。

3）完成管辖区内供电所下达的各项指标。

4）负责管辖区域内优质服务处理、三入（入村、入户、入企业）工作、停电信息发布张贴等工作的完成。

5）负责各类现场基础数据的收集工作。

6）负责填写各种类现场工作记录。

7）严格执行网格化服务制度，参与供电所 24h 抢修值班。

8）完成所里下达的各类营销、运维和新型供电推广指标。

9）完成所里交办的其他工作任务。

（2）供电所工作职责。各供电所应每月按照《泰州三新供电服务有限公司姜堰分公司劳动纪律和考勤管理办法》《泰州三新供电服务有限公司姜堰分公司绩效管理办法》《国家电网公司员工奖惩规定》《泰州市姜堰区供电公司客户服务事件管理考核办法（修订）》《供电所员工绩效二次考核细则》等有关规定对竞得人进行综合考核。

7. 注意事项

（1）签订《台区管理责任协议书》。竞得台区管理权的台区经理与供电所签订《台区管理责任协议书》，明确竞拍台区的日常管理和服务提升目标，按照成交价获得相应管理费收益。

（2）严格奖惩考核。明确在线缴费率、投诉管控等日常管理指标，按照指标提升、退步情形同步兑现管理费奖惩。鼓励台区经理主动宣传推广综合新能源、光伏发电等新型业务，新业务发展工作同步纳入考核奖励。

（3）提前制定的完善的制度和规范的流程。在公司层面制定的完善的规章制度，明确竞拍需要的奖励资金的来源和总额，明确各供电所进行竞拍工作的流程。

（4）多方征求意见及充分的公示。标的物和起拍价确定后，应在拍卖会举行前多方征求意见并制作成展板在所内进行充分公示，公示内容包括标的物名称、服务用户数、设备运维状况、在线缴费比例、历史投诉数量等各类台区综合指标和考核指标，供意向竞拍人充分了解。

3.1.4 台区管理权竞拍的预警管理与问题应对

1. 台区管理权竞拍预警管理

预警管理是根据企业生产经营的实践活动过程与结果是否满足企业目标或管理目标的预期要求，来确定企业运行处于逆境或顺境状态，并由此做出对策的管理活动。它是对企业管理系统运行进行监控、预测与警告，并在确认逆境现象已严重发生情况下，采用既定的组织方法干涉和调控其运行过程，并使之恢复正常状态的管理活动。防范台区竞拍风险的有效手段是构建台区管理权竞拍的预警管理系统，根据风险识别和分析的结果，对台区管理权竞拍中可能发生的危机和风险进行预警，并及时规避与控制，最终达到防患于未然的目的。

随着台区竞拍模式的不断推广，台区竞拍定价不够规范、评价机制不够健全、制度保障不够完善等问题也随之而来。国网泰州供电公司以问题为导向，依托智慧共享财务管理平台，从完善流程制度、精准辅助定价、多维精益评价等方面深入推进台区竞拍预警管理，通过完善台区管理制度确保台区定价有据可依，通过辅助定价对不合理的台区定价进行风险预警和台区多维质效评价指标体系对台区的运行状态进行监测评价，全面掌握台区管理情况，结合监测问题对异常状态及时进行整改，不断优化问题解决方案，实现从解决问题到优化管理的思维转变。为了降低台区管理权竞拍的风险，主要开展了以下工作：

（1）完善竞拍区管理制度。结合公司业财融合成果，以价值创造和人力资源的合理利用为基准，以提升农电台区运营效益为目标，以企业效益和用户体验为终点，完善从台区划分、价格制定、人员竞拍到绩效评价考核的台区管理权竞拍业务流程。创新以台区投入产出比作为选定竞拍台区的重要依据，增强台区竞拍模式的针对性，修订发布《泰州三新供电服务有限公司姜堰分公司台区管理权竞拍实施细则》，夯实台区竞拍管理制度保障。通过完善竞拍台区管理制度，从根本上保证供电所台区竞拍的合理性和合规性。

（2）竞拍台区系统辅助定价。在台区询价环节，明确台区基准价的测算方法。综合考虑辖区总户数、人员配置率、团队绩效工资等因素，外询已竞拍供电所平均成交价格，内询台区经理期望成交价格，按 7：3 比例测算（即测算询价 = 外询价格 ×0.7+ 内询价格 ×0.3）基准价，确定竞拍台区基准价并上报公司。研究制定台区基准价核定的流程及要求，图 3-8 为台区竞拍基准价制定流程图，依托智慧共享财务管理平台实现系统辅助定价。辅助定价是在基准价与参考价格偏离过大时进行预警，在上报的台区基准价被驳回后，供电所应调整台区的基准价或编制价格偏离说明书。

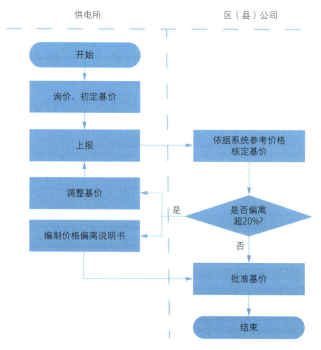

图 3-8　台区竞拍基准价制定流程图

（3）优化竞拍台区精益绩效评价。基于多维精益管理，健全竞拍台区管理后评价机制，明确规定组织纪律，秉承实事求是、公平公正的原则对竞拍台区进行评价。聚焦农电台区投入产出效率，从经营效益、运营效率、发展质量三个维度科学设置台区管理后评价指标，图 3-9 为竞拍台区后评价指标体系及各维度占比，依托国网江苏省电力有限公司智慧共享财务管理平台，开展指标线上监测评价，制定指标评价标准，全面掌控台区管理状况，精准识别台区管理风险。

通过将数据库中建立的指标与目标值进行比较，对指标的完成情况进行综合评分，找到台区实际管理情况与预设值之间存在的差距，并对差距进行深层次解剖，找到人为因素和客观因素的影响程度，将相关信息传达给各台区经理负责人，督促各台区经理进行及时整改与完善。同时，对重要指标设定上下阈值进行重点监控，系统内要对异常指标进行预警处理，上述功能能将达到预警的指标及时地反映给负责人，提醒管理人员进行监督调整和控制，及时地解决和处理台区存在问题，为优化运营指标，提升农村用户满意度提供强大的技术支撑。

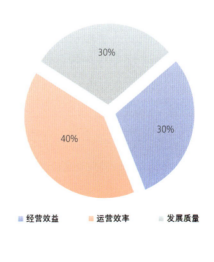

竞拍台区后评价指标体系	
评价维度	经营效益
指标	台区投入产出比
指标	台区线损成本降低率
评价维度	运营效率
指标	电费回收率
指标	配变超重载
指标	三相不平衡
评价维度	发展质量
指标	故障报修
指标	供电电压合格率
指标	供电可靠率

图 3-9　竞拍台区后评价指标体系及各维度占比

相关运营效率和发展质量指标直接取自业务系统，经营效益指标计算公式如下：

1）台区投入产出比公式为：

台区投入产出比 = 台区售电收入 / 台区总成本

2）台区线损成本降低率公式为：

台区线损成本降低率 =（基期线损成本 - 当期线损成本）/ 基期线损成本

基期线损成本 = 基期台区线损电量 × 基期平均购电单价

当期线损成本 = 当期台区线损电量 × 当期评价购电单价

其中，台区售电收入、台区总成本、台区线损成本均直接取自江苏多维精益管理价值评价体系。

2. 台区管理权竞拍的问题应对

前面跟各位读者阐述了姜堰区供电分公司台区管理权竞拍具体细节流程，主要是能够让广大读者清晰地看到姜堰区供电分公司将此举引入台区绩效管理工作中，最大限度地体现了公开、公平、公正性，极大地激发了台区绩效管理效能，创新性地走在了各网省公司的前列，下面重点探讨在拍卖过程中几个不容忽视的问题。

（1）拍卖的原则和基本特点。为了深入剖析拍卖过程中可能出现的问题，首先需要了解拍卖的原则和基本特点。拍卖是一种古老的交易方式，拍卖法则是调整当事人在拍卖交易活动中形成的法律关系的一种行为规范。作为交易方式，拍卖有其独特的交易规则；作为相对独立的《中华人民共和国拍卖法》（简称《拍卖法》）也有其特定的基本原则，即公开、公正、公平及价高者为基本原则。

1）公开原则。拍卖活动必须是公开进行的一种民事活动，主要包括以下三方面内容：

a. 拍卖活动公开。拍卖人举行拍卖活动，须在法律规定期限内，通过广告媒体或其他法律法规允许的形式，提前公开发布拍卖公告。拍卖人接受拍卖委托后，应以适当的形式公布拍卖时间、地点、竞买条件等，限制流通的定向拍卖，还要公开载明竞买人的范围。

b. 拍卖标的公开。除在拍卖公告中一般应标明拍卖标的基本情况外，拍卖人还应公开展示并组织和允许竞买人查看、查验标的物，拍卖人还应提供标的物的详细文字说明。在拍卖时应以实物、图像等，公开展示标的物，同时拍卖人应向所有竞买人说明拍卖标的是否有瑕疵（法律另有规定的除外）。

c. 竞买公开。竞买公开包括两层含义：一是指竞买资格公开，即拍卖人应公布哪些民事主体可以参加竞买，法律规定限制流通、定向拍卖的，必须公开载明限制竞买主体的资格；二是指竞买活动公开，拍卖活动一经公布，视为拍卖人发出要约邀请，凡有两人以上符合竞买资格的竞买人对拍卖标的提出竞买申请后，拍卖人不得无故撤回该标的或终止拍卖，更不得以其他形式转让拍卖标的。拍卖人必须公开举办拍卖会，允许所有具备竞买资格的竞买人以公开竞价的方式，并依照价高者的原则拍卖成交（不到底价的除外）。

2）公平原则。公平原则是我国民法平等原则在《拍卖法》中的具体要求和表现，它是指拍卖法律关系当事人在拍卖活动中其民事权利义务平等、民事法律地位平等。从立法目的上看，《拍卖法》确立公平原则更主要的是要求拍卖人的拍卖活动必须公平进行，不得损害其他当事人的合法权益。因此，凡具有民事权利能力、行为能力，能证明其对财产的合法产权或处分权的民事主体，均可成为拍卖活动的委托人。拍卖人在对委托人的委托资格进行审查时，应依据法律、法规和事实予以公平对待。其中，委托人是否愿意委托、拍卖人是否接受委托、是单独的委托拍卖还是某种形式的联合拍卖、双方的权利义务如何、风险及利益的承担和分配、法律责任等问题，都要在符合《拍卖法》规定和双方自愿协商的前提下，以书面委托拍卖合同或联合拍卖协议加以确定。尤其是拍卖人，不得利用自己掌握拍卖业务、熟悉市场情况等优势或委托人处于某种困境等原因，采用强迫、欺诈等不公平的方法对待委托人，以达到自己的目的。

凡具备相应的民事行为能力并符合竞买资格的民事主体，均可平等地参加竞买活动，拍卖人不得以除法律法规另有规定的其他理由拒绝竞买人的竞买申请，妨碍其参与公平竞争。

在竞买中，对同一应价或报价除了法律规定竞买人有优先买受权的，其他竞买人均享有以最高报价或应价取得拍卖标的的权利。竞买人无上、下级之分，无法人、社团、公民等身份之别，《拍卖法》对每一竞买人的平等竞买资格予以平等保护。

公平原则在内容上也包含拍卖法律关系当事人之间在进行拍卖活动时应自主自愿、诚实信用，否则就违背了公平原则的精神。首先，除法律规定必须强制拍卖的财产外，拍卖人与委托人之间的委托关系应是自愿形成的，委托合同中双方当事人权利义务是对等的。其次，在拍卖交易过程中，拍卖人、竞买人、买受人的意思表示必须是真实的，如有意思表示不真实造成重大误解的情况出现，该拍卖行为可予撤销。

3）公正原则。拍卖是以拍卖人为中介并通过其中介服务代理委托人向不特定的竞买人以公开竞价的方式出售拍卖标的。

拍卖的三个基本特点（或基本条件）：

一是拍卖必须有两个以上的买主。即凡拍卖表现为只有一个卖主（通常由拍卖机构充任）而有许多可能的买主，从而得以具备使后者相互之间能就其欲购的拍卖物品展开价格竞争的条件。

二是拍卖必须有不断变动的价格。即凡拍卖皆非卖主对拍卖物品固定标价待售或买卖双方就拍卖物品讨价还价成交，而是由买主以卖主当场公布的起始价为基准另行报价，直至最后确定最高价为止。

三是拍卖必须有公开竞争的行为。即凡拍卖都是不同的买主在公开场合针对同一拍卖物品竞相出价，而倘若所有买主对任何拍卖物品均无意思表示，没有任何竞争行为发生，拍卖就将失去意义。

为了使拍卖顺利进行，秉着公开、公平、公正的原则，姜堰区供电分公司在拍卖前公示招拍公告，在规定的时间和地点如约公开举办拍卖活动，在拍卖结束后公示拍卖结果。整个竞拍活动为动态报价方式，台区经理们在公平竞争的环境中多次降价报价，直至达到设定的最低价或无人再次报价后，双方达成一致，台区管理权拍卖成交，台区经理最后一次的报价为成交价，实现最终交易结果的公正性。

（2）信息不对称的防范。什么叫做信息不对称？"我知道这幅画是假的，但是你不知道，所以我不会出很高的价格；我知道这块地马上要修地铁站，但是你不知道，所以我一定要高价拍下；我知道这块地马上要拉高压电线，但是你不知道，所以我不会出高价。"这就是信息不对称。

因为信息不对称，大家对商品的价值判断就会有所不同。所以，在拍卖的时候，卖家就要采取一些手段，让信息对称或者信息不对称，最终，让知道它最大价值的人买到商品。

在这里还要跟大家重温一下荷兰式拍卖的概念，什么是荷兰式拍卖？英国式拍卖，是从一个底价开始，往上喊价，而荷兰式拍卖，是从最高价开始，往下喊价。

"100 美元有没有人要？"

"没有"。

"那 90 美元有没有人要？"

"还是没有"。

"那 80 美元有没有人要？"

……

当降到某一个价格，只要有人接受，就成交。荷兰式拍卖的好处是，价格从高往低，一旦落入消费者心理价位区间内的最上限，消费者就会购买。因为万一此时保守，侥幸等待更低的价格，商品就有可能被别人买走。荷兰式拍卖这种降价拍卖，尤其适合价值随着时间不断递减的商品。例如，拍卖郁金香，郁金香的价值随着时间不断递减，时间久了花就谢了，价值就没有了，所以卖家会随着时间的推移，不断降低报价。

为使台区管理权荷兰式拍卖工作得以顺利实施，必须做到诚信透明、公平竞争，姜堰区供电分公司的经验做法是：往往需要在台区管理权招拍前 3 周公示招拍公告，公告竞拍台区的基本情况、竞拍台区的询价定价情况、台区管理权竞拍依据和台区管理权竞拍的准确时间，这样可使准备参与台区管理权竞拍的台区经理们处于同一起跑线上，即信息对称，严格区别于其他商业性的竞拍活动。这是需要注意的一个问题。

（3）流拍的防范。流拍是指在拍卖中，由于起拍价格过高造成的拍卖交易失败。在买卖活动中，买卖双方不能达成协议，使得买卖行为无法成功进行，就对其拍卖的标的得不到想要成交的数额。在发布拍品的时候，需要根据您预估的拍品价值为拍品设定一个适当的起拍价格，参加拍卖的拍主将会根据起拍价格加价竞拍。如果起拍价格过高以至脱离了大众所能够接受的价值，并且也未能做出有力的说明来支持和证明起拍价格，导致无人参加，则说明此次拍卖流拍。

常见的流拍有文物流拍和土地流拍，在 2009 年春发生了一件文物流拍事件，法国佳士得拍卖会拍卖从中国掠夺去的兔、鼠铜首，据媒体报道拍得圆明园的兔首、鼠首的神秘买家为中国厦门的收藏家蔡铭超，拍而不买，引起公众议论，其在新闻发布会上表示："作为一个中国人，在这种时刻都应该站出来，发出声音。但这个款我不能付。"事实上，这等于宣告了两兽首的流拍。土地流拍是指国家有关部门拿出土地进入市场拍卖的时候，由于买家竞价太低，或者没有买家出价，导致土地没有拍卖出去的现象，在房地产市场好的时候是不存在土地流拍现象的，只有房地产市场出现资金短缺，房屋抵押导致开发商资金链断裂的情况才会出现土地流拍。

针对流拍问题，姜堰区供电分公司在经过充分询价、合理定价、公平竞价的流程，还有多次测算论证和竞拍实践的情况下，在前期最大限度地规避了流拍风险发生的可能，在后期实行台区经理动态轮换机制，台区经理负责竞得台区的安全生产、设备管理、营销管理、优质服务等日常维护管理工作，各项工作须服从供电所统一安排。农电综合管控中心负责每月发布各供电所业绩指标管理考核通报，各供电所根据通报对竞得台区的业绩指标进行考核评价。通过合理确定指标权重，编制打分细则，突出工作重点，真实反映台区经理工作效果，并按照指标提升、退步情形同步兑现奖惩，确保考核与绩效强关联。各供电所还应根据评价结果实施台区管理权竞拍动态轮换，综合各供电所台区数量变化、现有竞拍台区管理质量、人员等因素，以 3~5 年为限，重新实施竞拍，形成良性循环竞争。

（4）竞得人违约防范。有下列情形之一的，视为竞得人违约，按照公告或者合同约定承担相应的违约责任：

1）竞得人拒绝签订《竞拍成交确认书》，竞得人逾期不签订或者拒绝签订出让合同的。

2）竞得人未按约定的时间付清约定的出让收益或者其他相关费用的。

3）竞得人提供虚假文件或者隐瞒事实的。

4）向主管部门或者评标委员会及其成员行贿或者采取其他不正当手段中标或者竞得的。

5）其他依法应当认定为违约行为的情形。

姜堰区供电分公司强化台区经理责任驱动意识，坚持以用为本，充分发挥台区经理带头作用，加强台区经理队伍建设，细化各项考核指标，激发台区经理自我完善、自我总结、自我提高、敬业负责的工作态度，打造一支优秀的台区经理团队。

公司依据管控中心每月发布的各供电所业绩指标管理考核通报，对各供电所竞得台区的业绩指标进行考核评价；存量台区原台区经理由于工作量减少，每月绩效工资进行相应核减，核减标准为存量台区成交价格的50%；竞拍台区成交价格每年根据管理系数变化核定一次，各供电所每年对竞得台区管理情况进行总结并报公司审核。

按照评分排名，选取每月之星，并将整体考核结果作为台区经理能否胜任台区管理工作的重要依据，同时也作为员工职务晋级、挂职锻炼、外派学习等方面的参考标准，确保人员能力与工作岗位的最佳匹配。各供电所需要与竞得的台区经理签订责任书，明确台区管理要求和考核标准，确保管理成效。对于帮扶台区，在给予竞得者激励的同时，对原台区经理进行一定比例的绩效扣减，培养台区经理责任意识。另一方面，可以在自愿的基础上，选择性签订附加协议，鼓励台区经理主动宣传推广综合新能源、光伏发电等新型业务，前移服务窗口，挖掘经营服务潜力，新业务工作绩效同步纳入考核奖励，打破仅满足于指标完成的思维壁垒。

通过以上各项重要举措，姜堰区供电分公司营造了"人人争文明、个个当先进"的良好氛围，有效避免了竞得人违约情况的发生。

3.1.5　电子竞拍平台

新一轮信息技术革命蓬勃发展，推动全球加速进入数字经济时代。在新时代下，国家电网认真落实党中央、国务院关于网络强国、数字中国建设部署，总结工作、分析形势，坚持"融入电网业务、融入生产一线、融入产业动态，推动架构中台化、数据价值化、业务智能化"的"三融三化"理念，全力推进电网和公司高质量发展。国网泰州供电公司认真贯彻国家电网部署，依托国网江苏省电力有限公司智慧共享财务管理平台，创新建设"台区竞拍管理"子平台，引入多维精益管理理念，从辅助定价、质效评价、激励机制三个方面，提升台区竞拍管理效能。依据前期业务梳理成果，扎实推进系统功能设计工作，根据智慧共享财务管控平台整体规划设计风格，设计完成竞拍定价管理、台区经营质效、台区经理绩效、台区管理配置等四大功能模块系统界面。

1. 竞拍定价管理

竞拍台区按照充分询价、合理定价、公平竞价的规则，确定最终的成交价，通过竞拍定价管理功能实现对台区的辅助定价及定价结果的展示。在供电所台区竞拍中，台区基准价为各参与竞价的台区通过询价后得出的申报价格，提交人需在系统里提交基准价后审批人进行审批。基准价超过参考价（台区历史户均人工成本单价）20% 时，基准价显示为红色字体，此条记录行项目显示为黄色填充背景；用户可单选 / 全选 / 复选记录进行基准价确认；基准价确认时，若所选行项目含基准价超参考价 20% 的行项目时进行提醒"存在超出参考价 20% 的基准价，是否确认提交？"。图3-10 为台区竞拍辅助定价—基准价审核。用户可单选 / 全选 / 复选记录进行驳回，驳回记录时需输入驳回意见。图 3-11 为台区竞拍辅助定价—基准价驳回。

应用场景设计

图 3-10   台区竞拍辅助定价—基准价审核

应用场景设计

图 3-11   台区竞拍辅助定价—基准价驳回

通过"竞拍结果展示报表"可以查看各台区竞拍的台区历史户均人工成本、审批通过的基准价、管理系数、起拍价、竞拍最低价、竞拍成交价、竞拍成交时间及成交价附件，从而可以查看某一台区具体定价过程，以及管理指标系数、综合管理系数明细。图 3-12 为台区竞拍结果展示。

应用场景设计

图 3-12　台区竞拍结果展示

2. 台区经营质效

台区经营质效评价体系从经营效益、运营效率和发展质量三个维度搭建，以衡量台区管理质效提升的状态。通过竞拍台区总体概览功能，用户可以查看各台区竞拍前和竞拍后（当期）的各项指标值，包括投入产出比、线损成本降低率、电费回收率、配电变压器超重载、三项不平衡、故障保修、供电电压合格率、供电可靠率，并查看由这些指标值评估的竞拍前和竞拍后（当期）台区的月度得分和等级报表。图 3-13 为台区经营质效—竞拍台区总体概览。

通过竞拍台区质效展示功能，用户可以直观查看单个竞拍台区竞拍前及竞拍后（当期）各指标得分对比的雷达图、各指标值在本年度变化的折线图，便于分析竞拍对台区管理产生的质效改变。图 3-14 为台区经营质效—竞拍台区质效展示。

应用场景设计

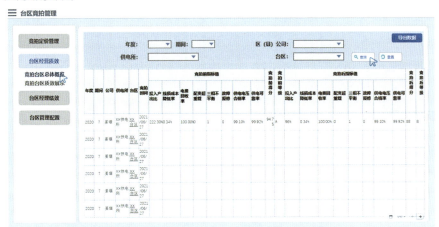

图 3-13　台区经营质效—竞拍台区总体概览

应用场景设计

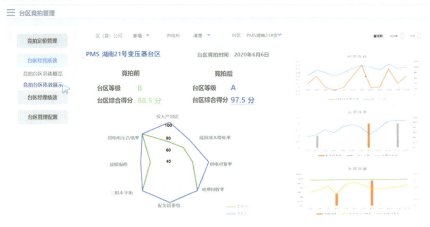

图 3-14　台区经营质效—竞拍台区质效展示

3. 台区经理绩效

　　台区经理绩效看板功能可以通过台区经营质效评定的台区等级及其变化，判定台区经理的绩效，图 3-15 为台区经理质效—绩效看板。通过此功能，用户可以年度为周期、以台区经理为维度，查询所有台区经理某一年度因台区竞拍而得到多少奖金，从而查看某一台区经理所有竞拍台区的台区等级变化、台区年度综合得分等明细，以及由此计算得出的每一竞拍台区的奖励金额。通过台区经理质效—绩效对比分析（见图 3-16），

应用场景设计

图 3-15　台区经理质效—绩效看板

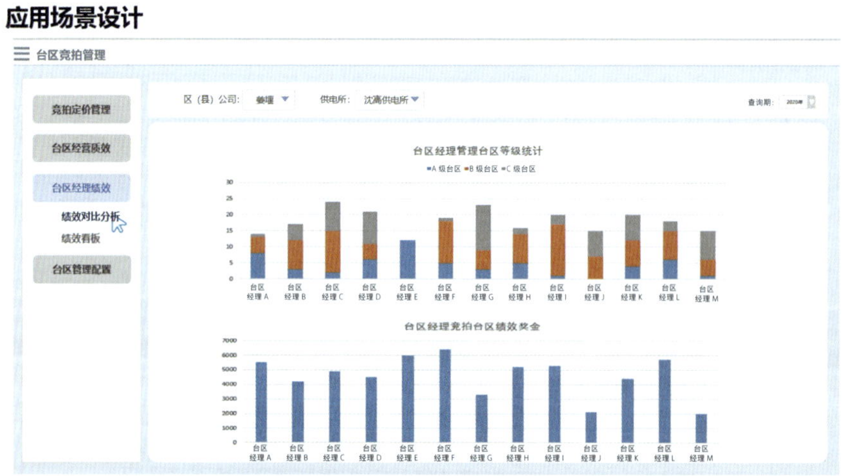

应用场景设计

图 3-16　台区经理质效—绩效对比分析

用户可以通过柱状图直观查看某一供电所每一台区经理竞拍台区户数中 A 级、B 级、C 级户数和所有台区经理年度绩效奖金金额。

4. 台区管理配置

台区管理配置功能可以满足用户手工录入信息的配置维护需求。本功能包含台区管理配置—台区基本信息维护（见图 3-17）、台区管理配置—台区经理历史绩效维护（见图 3-18）、台区管理配置—台区管理指标维护（见图 3-19）三个功能点。台区基本信息维护功能满足用户对公司—供电所—台区间对应关系的查询，以及台区服务半径、台区经理等基础信息维护的需求；台区经理历史绩效维护功能满足用户批量上载台区经理的绩效奖金的需求，录入的台区经理绩效经过计算得到参考价（台区历史户均人工成本），台区历史户均人工成本 = 台区经理绩效 / 台区经理管辖户数，此字段作为台区基准价上报的参考价，对上报基准价判断是否超过了参考价的 20%；台区管理指标维护功能满足外接系统取数不正确或取不到数的情况，用户可手动维护管理指标数据的需求。

应用场景设计

图 3-17　台区管理配置—台区基本信息维护

应用场景设计

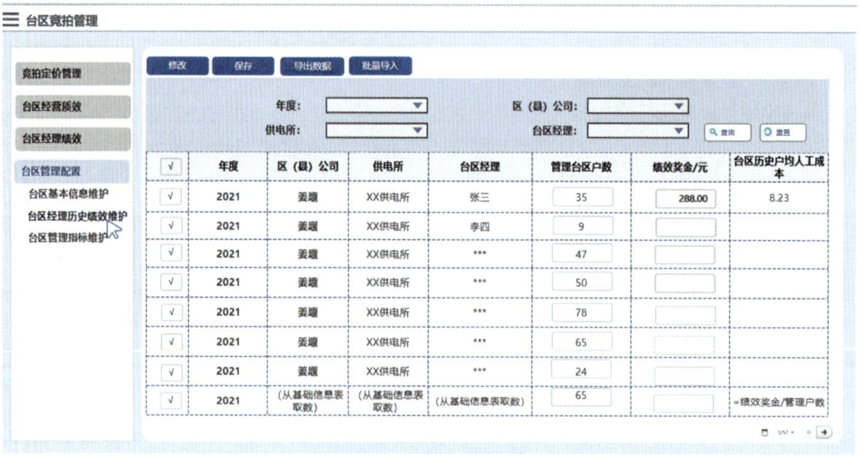

√	年度	区（县）公司	供电所	台区经理	管理台区户数	绩效奖金/元	台区历史户均人工成本
√	2021	姜堰	XX供电所	张三	35	288.00	8.23
√	2021	姜堰	XX供电所	李四	9		
√	2021	姜堰	XX供电所	***	47		
√	2021	姜堰	XX供电所	***	50		
√	2021	姜堰	XX供电所	***	78		
√	2021	姜堰	XX供电所	***	65		
√	2021	姜堰	XX供电所	***	24		
√	2021	（从基础信息表取数）	（从基础信息表取数）	（从基础信息表取数）	65		=绩效奖金/管理户数

图 3-18　台区管理配置—台区经理历史绩效维护

应用场景设计

√	年度	期间	区（县）公司	供电所	台区	投入产出比	线损率	线损成本降低率	电费回收率	供电可靠率	供电电压合格率	配变超重载	三项不平衡	故障保修	资产综合成新率
√	2021	06	姜堰	XXX供电所	XX台区	30.00%	2.00%	0.10%	99.84%	99.92%	99.10%	2	2	2	95.00%
√	2021	06	姜堰	XXX供电所	XX台区	50.00%	2.00%	0.10%	99.84%	99.92%	99.10%	1	1	1	80.00%
√	2021	06	姜堰	XXX供电所	XX台区	80.00%	2.00%	0.10%	99.84%	99.92%	99.10%	1	1	1	85.00%
√	2021	06	姜堰	XXX供电所	XX台区	30.00%	2.00%	0.10%		99.92%	99.10%	3	3	3	94.50%
√	2021	06	姜堰	XXX供电所	XX台区	50.00%	2.00%	0.10%	99.84%	99.92%	99.10%	0	0	0	56.66%
√	2021	06	姜堰	XXX供电所	XX台区	30.00%		0.10%	99.84%	99.92%	99.10%		3	1	67.88%
√	2021	06	姜堰	XXX供电所	XX台区	50.00%	2.00%	0.10%	99.84%	99.92%	99.10%	2	2	2	89.98%
√	2021	06	姜堰	XXX供电所	XX台区	80.00%	2.00%	0.10%	99.84%	99.92%	99.10%	1	1	1	

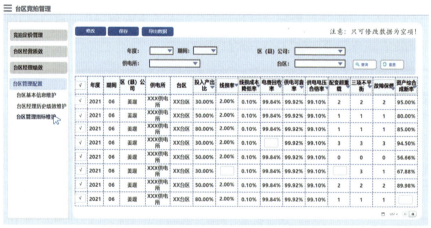

图 3-19　台区管理配置—台区管理指标维护

3.1.6　台区绩效管理创新效果分析

国网泰州供电公司总结多年来农村电网改革发展的实践经验，从战略全局出发，提出以“强管理、促安全、降损耗、增效益”为目标的农电台区绩效管理，通过台区管理权竞拍的模式向国内同行业展示了率先管理创新的丰硕成果。沈高供电所作为农电一线队伍，通过创新实践基于"三量三价"台区管理权拍卖模式为核心的绩效创新管理体系，激发员工内生动力，精准有效解决了人员少、业务多、分配难带来的台区管理难题，持续提升了台区管理水平，让公司绩效文化在基层落地见效，用实际行动打造出"泰电样板"，成功申报国网江苏省电力有限公司绩效文化优秀示范点。图 3-20 为绩效文化示范点汇报现场图。

图 3-20　绩效文化示范点汇报现场图

沈高供电所是国网泰州供电公司台区绩效管理创新的缩影，该所聚焦生产、营销、建设等主营业务，以顶格的标准要求，抓细、抓实、抓好提质增效专项工作，连续两年保持零投诉，2020 年入选全国百强供电所，各项指标飞速提升，推动"获得电力"水平跻身全省前列。图 3-21 为专题座谈会。沈高供电所在开展"三量三价"台区管理权竞拍模式以来，工作成果多次得到国家电网、国网江苏省电力有限公司等上级单位的肯定，国家电网前董事长毛伟明等多位领导亲临供电所考察并指导工作，所有员工深受鼓舞和鞭策。图 3-22 为参观绩效示范点主题展板。

基于"三量三价"的绩效管理体系，将台区管理权竞拍模式作为台区管理灵活调配、人力资源充分优化的核心举措，进一步激发员工内生动

图 3-21　专题座谈会

（a）参观绩效示范点主题展板 1

（b）参观绩效示范点主题展板 2

图 3-22　参观绩效示范点主题展板

力，持续提升了台区管理水平，达到了以下效果：

1. 有效解决了供电所人员少、业务多的问题

供电所人员年龄结构老化、退休员工增多、技能水平不足等现实问题，加上近年来农村用电需求的高速发展，管理压力和服务压力也与日俱增，导致不少台区无人管理、变相委托或管不到位。实行台区管理权竞拍，实现了薪酬与绩效强挂钩，打破"大锅饭"的局面，推进薪酬能增能减、有序实施，极大地调动了组织内的活力。

2. 有效解决了台区业务分配难的问题

传统做法是直接给台区经理分配台区、指派任务，导致员工积极性不高。实行台区管理权竞拍，将台区管理责任和管理收益分配公开化、透明化、市场化，改变台区经理管理责权利的分配模式，有效调动台区经理的积极性。

3. 有效提升了台区的关键指标和员工收入

在台区管理权竞拍模式下，国网泰州供电公司的台区指标管理水平有了明显提升，台区线损率明显下降，报修数量大幅减少。沈高供电所等3个供电所在开展台区管理权竞拍后，真正意义上实现了薪酬与绩效强挂钩，人力资源得到有效配置，在人员配置率明显偏低，在工作量有增无减的情况下，通过自愿认领的方式，自然解决了工作量分配的问题，供电所台区管理工作分配由派单变为抢单，台区管理权竞得者年收入均增加，部分台区管理水平薄弱人员年收入有所减少，极大地调动了组织内的活力，同时竞拍的成交均衡价必定低于原来管理模式下核定的起拍价，从而在一定程度上节约了公司的人工成本，提高了公司管理效率，从根本上达到了企业与员工"双赢"的效果。

　　国网泰州供电公司以不破不立之势在电力企业内首创基于"三量三价"的台区管理权竞拍绩效管理创新模式，真正意义上实现了薪酬与绩效强挂钩，人力资源得到有效配置，多劳多得的绩效氛围更加浓厚，薪酬能增能减，工作也获得了有序推进。在人员配置率明显偏低，工作量有增无减的情况下，通过自愿认领的方式，自然解决了工作量分配的问题。该做法一经推出就受到了广泛关注，经过反复实践被证明是成功的，是值得行业内借鉴的成功管理经验，并且这一管理成果得到了各级单位颁发的各项荣誉。

　　（1）2021年4月，由国网泰州供电公司、姜堰区供电分公司的栾忠飞、刘峰、殷伍平、张勇、莫志华共同完成的论文《供电企业基于管理权竞拍的农电台区绩效管理》获得"全国电力企业管理现代化成果2020优秀论文"（见图3-23）。

图3-23 "全国电力企业管理现代化成果2020优秀论文"证书

　　（2）2020年，姜堰区供电分公司的论文《中国农村供电台区服务管理权竞拍管理》申报江苏省电力行业企业管理现代化创新成果。

　　（3）2020年，国网泰州供电公司实施供电所台区管理权竞拍新举措的案例被国家电网编著的《国家电网有限公司三项制度改革百问百答》收录（见图3-24）。

图 3-24　台区管理权竞拍入选国网三项制度改革百问百答案例

（4）2021 年，由国网泰州供电公司、姜堰区供电分公司的栾忠飞、刘峰、殷伍平、张勇、莫志华共同完成的论文《供电企业基于管理权竞拍的农电台区绩效管理》被《中国电力企业管理创新实践（2020 年）》收录。

（5）2021 年 5 月，国网泰州供电公司台区管理权竞拍管理经验成功入选国家电网公司于 2021年 5 月出版的《国家电网绩效管理工具箱》（上、中、下册）（见图3-25）。

图 3-25　《国家电网绩效管理工具箱》
（上、中、下册）

3.2 实践及案例

3.2.1 沈高供电所概况

初期，沈高供电所有员工 20 人，其中党员 10 人，全所共有农村综合变压器 288 台，专用变压器 218 台，营业户 16211 户，2018 年售电量 $1.56 \times 10^8 kWh$，近年来，沈高供电所先后荣获国网江苏省电力有限公司"一流农村供电所""标准化供电所"；国网泰州供电公司"十佳农村供电服务窗口""廉洁从业示范供电所"等荣誉称号；多年来，获得姜堰区"文明单位"称号，连续 3 年被评为"泰州市文明单位"，2017 年被国网泰州

图 3-26　沈高供电所的荣誉嘉奖

供电公司评为"综合标杆供电所"，2018 年被国网江苏省电力有限公司评为"四星级乡镇供电所"，被泰州三新供电服务公司姜堰分公司评为"先进集体"。成绩的取得，凝聚了全所员工的爱岗敬业，凝聚了上级公司领导的关心和支持。图 3-26 为沈高供电所的荣誉嘉奖。

3.2.2 沈高供电所"三量三价"台区管理招拍活动方案

1. "三量三价"台区管理招拍活动背景

起初，沈高供电所有台区经理 13 人，平均年龄 48 岁，分管全所高低压用户 16429 户，目前人均管理 1300 户；省公司额定定员 26 人，现有人员 20 人，缺员 6 人，按照定员标准，人均管理 1000 户。目前，在

台区管理方面存在以下问题：

（1）由于行政区域调整，出现增量用户。2019年6月，姜堰区设立天目山街道，涉及沈高供电所管辖范围内后堡、官庄、万众、单塘、天民五个村和姜堰供电所管辖范围内的前堡、城中、朱云、城东、通扬、城北六个村。根据姜堰三新公司启动整合方案，将原姜堰供电所管辖的六个村（前堡、城中、朱云、城东、通扬、城北）合并至沈高供电所管理，新增配电变压器112台，低压用户5124户，高压用户80户，整合后，沈高供电所农村综合变压器400台，专用变压器298台，低压用户21335户，但只调整了3人从事台区管理，台区经理增加至16人，人均需管理1400户（调整后，按照省公司定额测算规则，人员编制21人均需管理1100户）。

（2）由于人员自然因素，存在余量用户。沈高供电所台区经理增加至16人，在对相关台区进行微调后，仍存在72个台区3183户管理缺口。前期，由于一些调整，让责任心强、管理水平较高的许光华、孙庆红、沈昌峰等几位同志比其他人多管了一些台区，但不能一味地将重担压在他们身上，让能者、勤者心中有怨，影响团结和工作。

（3）由于管理质量不高，存在存量用户。由于台区经理身体疾病问题，他管辖的台区共1201户，目前台区线损、电费回收等指标相比其他同志不高，为了供电所工作整体提升，需要将管理指标落后的台区也能得到同步提升。

2. 招拍方案

根据年初泰州三新供电服务有限公司姜堰分公司颁发的《泰州三新供电服务有限公司姜堰分公司薪酬分配管理办法》《泰州三新供电服务有限公司姜堰分公司绩效管理办法》，结合本所实际，经所全体同仁献计献策，制订了沈高供电所竞争绩效挂钩实施方案，目的是建立健全绩效挂钩竞争机制，探索绩效量化新模式，对能管、愿管的员工增加公开的报酬，让农电管理绩效对等在我所真正体现，有力推动沈高供电所同业对标管理水平再上新台阶。

（1）实施招拍的台区情况。根据沈高供电所台区管理目前存在的增量、余量、存量问题，拟将所涉及的台区管理进行招拍。实施增量、余量招拍台区72个，共3183户、实施"存量"招拍台区29个，共1201户。表3-2为沈高供电所部分招拍台区情况。

表3-2 　　　　　　　沈高供电所部分招拍台区情况

序号	台区名称	用户数	性质（增量、余量、存量）	原因
1	城北11号变压器	6	增量	区域调整
2	城北村12号变压器	58	增量	区域调整
3	城东村10号变压器（五组）	33	余量	人员退休
4	城东村11号变压器	97	余量	人员退休
5	双星4号变压器	62	存量	帮扶
6	双星5号变压器	165	存量	帮扶

（2）台区管理招拍标的。结合沈高供电所实际情况，针对"三量"问题，设立不同的台区管理招拍标的，分别为量化奖和帮扶奖。

1）量化奖。针对增量、余量台区问题，设立量化奖。根据实际情况制定区台经理营业户基准数为1200户，超过1200户的量化奖按0.8元/户为基数计算，加权考虑台区电费回收、线损指标情况、地理位置等多方面因素，具体按"量化奖、帮扶奖测算方法"测算，招标组织方在拍卖前按测算规则设定量化奖起拍值和竞拍底价，竞买人从起拍值展开竞买，最低价中标。中标价即为中标者管理该台区每月每户增加收入计算依据。

台区经理管理营业户基数每年核准一次，对指标落后、管理缺失的台区经过所务会同意，每年招拍核定一次。

2）帮扶奖。针对存量问题，对王海兵负责的台区，实施双台区经理，一对一帮扶，协助落后指标业绩的提升，业绩指标有效提升且达到标准后，帮扶人员每月按户获得奖励。帮扶奖按0.5元/户为基数计算，加权考虑台区电费回收、线损指标情况、地理位置等多方面因素，具体按"量化奖、帮扶奖测算方法"测算，招标组织方在拍卖前按测算规则设定帮扶奖起拍值和竞拍底价，投标人从起拍值展开竞买，最低价中标。中标价即为中标者帮扶管理该台区每月每户增加收入计算依据。

以后，每年对台区指标核定一次，对指标落后、管理缺失的台区经过供电所所务会同意，每年招拍核定一次。

（3）台区管理招拍竞买人。沈高供电所台区管理招拍竞买人为沈高供电所在职台区经理。表 3-3 为沈高供电所部分竞拍台区经理。

表 3-3 沈高供电所部分竞拍台区经理

序号	姓名	年龄	现管辖台区 （不含高压用户）	管辖用户数 （不含高压用户）	2018 年绩效
1	龚 × ×	47	14	1022	A
2	陈 × ×	54	25	1368	B
3	刁 × ×	54	19	1158	B

（4）"三量"台区管理招拍流程。

1）沈高供电所调查需要招拍台区情况，制订台区管理招拍工作方案。上报姜堰三新公司审批。审批同意后组织实施。

2）招拍前 3 周，公示招拍公告。

3）招拍前 2 周，台区管理招拍竞买人报名。

4）招拍前 1 周，组织台区管理招拍竞买人了解现场，掌握台区各方面状况。

5）开展"三量"台区管理招拍。

6）签订《台区管理责任协议书》。

3.2.3 "三量"台区管理竞拍实施流程

（1）沈高供电所调查需要招拍台区情况，产生"三量"台区。

（2）充分询价，外询已竞拍供电所平均成交价格，内询台区经理期望成交价格。

（3）合理定价，最终以基准价和管理系数的乘积作为起拍价对各个竞拍台区进行定价，为了避免成交价有失公允，规定竞拍的最低成交价为起拍价的 70%。

（4）制订台区管理招拍工作方案，提交《沈高供电所台区管理权竞拍申请》，竞拍申请内容包括增量台区、余量台区、存量台区出现的原因、数量及涉及的用户数和竞拍方案，上报姜堰区供电分公司审批，审批同意后组织实施。图 3-27 为沈高供电所竞拍台区介绍。

城北村

优势： 运维指标好，报修量小，无配电变压器超重载三相联平衡等
劣势： 线路状况一般，线损合格率未达100%，电费回收未达100%
竞拍标的： 共22个台区993户
起拍价： 0.89元/户
最低竞得价： 0.62元/户

城东村
优势： 运维指标较好，无配电变压器超重载、三相不平衡等
劣势： 400V线路状况一般，电子化交费率较低，95598报修量较大
竞拍标的： 共22个台区698户
起拍价： 0.94元/户
最低竞得价： 0.66元/户

前堡村
优势： 运维指标较好，报修量小，电子化交费率100%，线损合格率100%
劣势： 民风一般，人员结构复杂，电费回收未达100%
竞拍标的： 共7个台区463户
起拍价： 0.84元/户
最低竞得价： 0.59元/户

双星村

优势： 400V线路状态较好，无配电变压器超重载、三相不平衡等，电子变化费率100%，电费回收绿100%
劣势： 线损合格率未达100%
竞拍标的： 共13个台区564户
双星村（美星）起拍价： 0.54元/户
最低竞得价： 0.34元/户

图 3-27　沈高供电所竞拍台区介绍

（5）姜堰区供电分公司对沈高供电所台区管理权竞拍进行批复，同意沈高供电所根据《泰州三新供电服务有限公司姜堰分公司台区管理权竞拍实施细则（试行）》相关规定和竞拍方案对增量台区、余量台区、存量台区进行管理权竞拍。

（6）公示招拍公告。

（7）台区管理权竞拍人提交《沈高供电所台区管理权竞拍人申请》。

（8）姜堰区供电分公司对沈高供电所进行申请人资格审查，填写《沈高供电所台区管理权竞拍人资格审查确认》，确认申请人符合台区管理权竞拍资格，允许参加竞拍。图 3-28 沈高供电所台区管理权竞拍现场。

图 3-28　沈高供电所台区管理权竞拍现场

（9）开展"三量"台区管理招拍，台区经理公平竞价。

（10）签订《竞拍成交确认书》，内容包括竞拍时间、竞拍人、成交价格、竞得台区名称等，此确认书一式两份，供电所、竞得人各一份。

（11）公示竞拍结果。根据《泰州三新供电服务有限公司姜堰分公司台区管理权竞拍实施细则（试行）》要求，沈高供电所于 2019 年 9 月 26日在泰州三新供电服务有限公司姜堰分公司沈高供电所举办了台区管理权竞拍现场公平竞价活动，现将竞拍结果公示如下：

城北村竞得人：龚志明；

前堡村竞得人：顾厚平；

城东村竞得人：翟耀军；

朱云村（朱滩）竞得人：黄小军；

朱云村（云树）竞得人：凌军；

夏北村帮扶竞得人：沈昌丰；

双星村竞得人：孙庆红。

公开栏进行绩效考核结果公示如图 3-29 所示。

图 3-29　公开栏进行绩效考核结果公示

（12）签订《台区管理协议书》，根据《泰州三新供电服务有限公司姜堰分公司台区管理权竞拍实施细则（试行）》要求，沈高供电所开展了台区管理权竞拍活动，相关台区经理竞得了部分台区的管理权。为确保竞得人按时保质完成竞得台区的各项指标，明确双方的责权，特制订台区管理协议。该协议经供电所所长、竞得人签字后生效，一式两份，双方各执一份，有效期三年。

（13）最后将沈高供电所台区竞拍资料归档。

3.2.4　"三量"台区管理竞拍成效

沈高供电所在实施"三量"台区管理权竞拍后，通过以市场为导向的公开竞争，增加了能管、愿管台区经理的收益，实现"干多干少，不一样"。完成绩效目标台区经理年度增加绩效收入，有效调动台区经理的积极性，台区管理指标逐年提高。表 3-4 为沈高供电所公开竞拍的 7 个区域台区经理管理收益分析。

表3-4　沈高供电所公开竞拍的7个区域台区经理管理收益分析

序号	区域名称	台区性质	户数	咨询价（元）	初定基准价（元）	线损系数	电费回收系数	故障报修系数	三人系数	配电变压器超载系数	三相不平衡系数	服务半径系数	管理系数	起拍价（元）	最低竞得价（元）	竞得价（元）
1	城北村	增量	993	0.85	0.8	1.5	1	1	1.5	0.8	0.8	1	1.11	0.88	0.62	0.7
2	前堡村	增量	463	0.85	0.8	1	1.5	1	1	0.8	1	1	1.055	0.84	0.59	0.65
3	城东村	余量	698	0.98	0.8	1	1	1.5	1	1	1	1.5	1.175	0.94	0.66	0.7
4	朱云村（朱滩）	余量	504	0.95	0.8	1	1	1	1	1	1	1.5	1.1	0.88	0.62	0.68
5	朱云村（云树）	余量	525	0.95	0.8	1	1	1	1	1	1	1.5	1.1	0.88	0.62	0.66
6	双星（夏北、双桥）	存量	637	0.6	0.55	1.5	1	1	1	0.8	1	1	1.055	0.58	0.41	0.5
7	双星（美星）	存量	564	0.6	0.55	1	1	1	1	0.8	1	1	0.98	0.54	0.38	0.43

从表 3-4 看出沈高供电所公开竞拍为 7 个区域，共计 4384 户。以第一标段城北村为例：城北村经多方询价，员工认为 0.85 元 / 户，属于合理价格，供电所根据台区目前设备状况，确定 0.8 元 / 户为基准价。

城北村管理系数 =（1.5×0.5+1×0.5）×0.3+（1×0.5+1.5×0.5）×0.3+（0.8×0.5+0.8×0.5）×0.2+1×0.2=1.1；

起拍价 =0.8×1.1=0.88（元 / 户）；

最低竞得价 =0.88×0.7=0.62（元 / 户）。

以 0.7 元 / 户成加价竞拍到城北村的台区经理，在保质保量完成工作的同时，月收入也有所增加。有效调动台区经理的积极性，台区管理指标逐年提高。

自实行台区管理权竞拍以来，沈高供电所短时间内（2019 年 6 月与 12 月对比），参与竞拍台区的综合指标管理水平有了明显提升：台区线损率由 4.53% 下降至 3.48%，下降 1.05%；电子化缴费率由 98% 上升至 100%；报修数量更是减少了 50%，由 2019 年上半年的 20 起，下降至 10 起，极大地提升了客户体验，为农村经济社会发展、农民生活质量改善提供了更好的电力保障，激发了农村群众用电的积极性，带动了农村产业的蓬勃发展，供电质量大幅提升；自实施台区管理权竞拍模式以来，供电可靠率由 99.45% 上升至 99.80%，综合电压合格率 99.73% 上升至 99.97%；农村电网运维指标大幅提升，原超重载 2 台，关口越下限 2 台，现无超重载、无关口越下限台区；三相不平衡率由 2.49% 下降至 0.68%。完善后的台区管理竞拍模式能够及时有效地激励台区经理加强台区管理，促进农电管理升级，为乡村振兴、脱贫攻坚提供了可靠的管理经验，助力农村电网向着更科学更高效的目标迈进。表 3-5 为指标对比表。

表 3-5 指标对比表

时间	台区线损率（%）	电子化缴费率（%）	供电可靠率（%）	综合电压合格率（%）	三相不平衡率（%）	配电变压器变超重载	关口越下限	报修数量
2019 年 6 月	4.53	98	99.45	99.73	2.49	2	2	20
2019 年 12 月	3.48	100	99.80	99.97	0.68	0	0	10

　　为了解决人员少、业务多、分配难的问题，国网泰州供电公司探索开展供电所台区管理权招拍，有效缓解了人员短缺问题，激发员工干事干活动力，从根本上达到了企业与员工"双赢"的效果。该模式的成功实施为全国的农村供电所生产经营管理、薪酬体系完善提供了学习借鉴交流的经验，有效引领了农村电网管理水平的飞速提升，对各供电所实现农村电网健康发展，助力乡村振兴计划有着重要的示范意义。在此基础上，国网泰州供电公司将继续深入实践基于"三量三价"的绩效创新管理体系，总结绩效文化示范点经验，持续提升绩效管理工作水平，在关键绩效指标上取得显著突破。

4 "三量三价" 方法的理论探讨

国网江苏省电力有限公司供电所台区管理权的荷兰式拍卖的具体内容，展示了在国家电网公司开创性演绎探"三量"（增量、余量、存量）、立"三价"（询价、定价、竞价）、促"三新"（新农村、新电力、新服务）的台区绩效管理模式，其理论支撑源于绩效管理学、经济学和心理学的相关知识，以此作为基础和指引，让供电所台区管理权的荷兰式拍卖焕发出顽强的生命力。

4.1 绩效管理学之理论支撑

绩效是指为了实现企业的总体目标，构成企业各团队或个人所必须达成的业务和工作成果。根据考核的对象不同可划分为组织绩效和员工绩效，组织绩效是指为实现组织的目标，通过有效的管理每一个员工，组织所获得的工作成果或实现的工作效果。员工绩效是对组织绩效的分解，具体表现为完成的工作数量、质量及为组织作出的其他贡献等。

4.1.1 绩效管理与电网企业

绩效管理从字面上理解，就是企业对绩效的管理，即企业为实现利润最大化，运用各种管理方法与手段，对影响企业利润的各种关键因素进行管理的过程。对企业利润的管理属于企业绩效管理的范畴，同时对在若干时间范围内产生利润的企业品牌、生产运作能力、员工团结程度、信息化水平等无形资产的管理，也属于绩效管理的范畴。由于企业绩效主要是通过人即企业员工来完成，因此绩效管理就通过鼓励员工不断提高工作质量水平，最终实现企业战略目标，通过科学、合理的绩效考核方法可使员工的投入产出最大化，以此来实现企业、团队、员工三者"共赢"的局面。

国家电网提出了"建设世界一流电网、国际一流企业"的战略目标,为国网江苏省电力有限公司的科学发展指明了方向,也提出了更高的要求。绩效管理作为现代企业管理的重要手段,将在公司战略目标落实、生产运营规范、员工积极性与创造性发挥及企业文化培育等各方面发挥更加重要的作用。

1. 国网江苏省电力有限公司绩效管理思路

为推动在建设具有中国特色国际领先的能源互联网企业征程中当排头、做标杆,国网江苏省电力有限公司大力开展分层分级考核体系构建与实践,以率先的精神、领先的理念、争先的干劲,坚定不移地打造绩效管理的"江苏样本"。所谓分层分级考核,是指公司各级单位组织、绩效经理人充分发挥主观能动性,应用考核指挥棒,全面开展覆盖省、市、县三层的单位、部门、员工三级的绩效管理实践。各级组织和员工在关键业绩、目标任务、工作积分基本框架下,结合管理实际,因地制宜,创新丰富、多元化、量化考核方式,着力提升考核激励的科学性和准确性。

"博观而约取,厚积而薄发",国网江苏省电力有限公司在总结各单位管理实践基础上,将"分层分级考核"与目标与关键成果法(OKR)绩效管理模式巧妙融合,具有较强的借鉴性和操作性,旨在将各层各级成熟的、优秀的、可借鉴的绩效管理方法进一步推广,让需求相同的单位、业务相近的班组共享,放大优秀成果,以点带面、以面带全。

谈到 OKR 绩效管理模式,这里需要简单科普一下:在瞬息万变的当代社会,整个社会布满互联网思维,颠覆了很多传统行业,但华为公司不仅没被颠覆,且每年都能保持持续地增长,并成功超越了众多对手,究其秘诀就是:在慢跑中推进 OKR 绩效管理。

OKR 强调的是如何让员工自主工作,在过程中进行管理,而不是根据既定目标和完成率进行考核,它能更大地激发员工的主动性和创造性,不断推动员工在目标的指引下进行自我管理,形成自我激励和约束机制,从而不断提高工作效率。在传统的绩效管理中，团队目标是自上而下分解的，基层员工只需要执行目标，这不利于激发员工的内在动机，而 OKR 在制定目标时，是采用自下而上的方式，管理者和团队成员一起共同制定目标，OKR 要求一定比例的目标必须是员工自下而上制定的，强调要快速应对业务变化，设定目标周期，强调目标要全员公开等，这一系列的举措都围绕着如何从人的需求的角度去激发员工的自主性，让员工愿意积极主动地做贡献，这也就是说 OKR 上升到了内在动机的层面，寄希望的是内驱力。如在团队设定目标时，要求这个目标是"跳一跳能够得着"的，也就是说员工如果能完成 50 万元的任务，会鼓励或要求他设定 70 万~80 万元的目标，然后分解到每一天。

通过以上内容的了解，可以总结出：其实绩效管理的思想精髓就是"以人为本"，以人为本需要企业的员工充分参与组织的管理过程，而且企业重视员工的发展，在实现组织目标的同时，员工的个人价值还有自身的职业生涯都得到一定的发展。国网江苏省电力有限公司供电所台区管理权的荷兰式拍卖管理模式汲取借鉴了这一理念的精华，变通开创台区管理权模式，在这个过程中，全体员工共同参与了企业发展，企业也为每位员工提供了支持和指导，提高了自己的能力，使员工和团队及企业整体拧成了一股绳，劲往一处使，达到了"双赢"的结果，而且每个员工都有自己的绩效目标，与领导和企业的发展也达成一致，更好地推进了绩效管理，最终形成了企业的绩效文化。

2. 国网江苏省电力有限公司台区绩效管理的构建

绩效管理是一个管理循环，包括四个环节：绩效计划、绩效辅导沟通、绩效考核评价、绩效反馈与运用。当一个绩效管理循环结束后，根据绩效管理循环中反映的问题，新一轮绩效管理循环将再次开启。

（1）绩效计划。绩效计划是关于工作目标和标准的契约，是绩效管理的第一个环节，是整个绩效管理的起点。它是管理者和被管理者根据企业目标、本部门的业务特点与工作职责共同讨论，以确定被管理者在评估期内应该完成什么工作和达到什么样的绩效目标的过程。因此，企业需要承认个人的需要，企业不仅应该考虑报酬等外在需要，还应考虑员工的内在需要。

台区经理作为供电企业面对客户的一个重要角色，以各项工作具体执行人的身份，承担基层供电所的营销、生产、服务任务，在供电所人员构成中占据了相当大的比重。台区经理涉及的工作项目众多，管辖对象难度条件差异较大，具体职责分工又不尽相同，通用化的绩效评价难以实际贯彻执行。姜堰区供电分公司率先引入农电台区管理权竞拍机制，积极探索建立量化评价模型做实台区经理绩效管理。

制订绩效计划，首先需要设定基础指标体系标准，量化台区经理基本工作量，梳理台区经理日常各项工作职责承担的任务，作为分项设定难度系数的单元。在具体应用时，按照测算对象的实际工作职责进行选择，强调不以奖惩为考核目的，注重对台区经理的绩效改进和提升，实施台区绩效管理工作涉及的管理指标如图 4-1 所示。

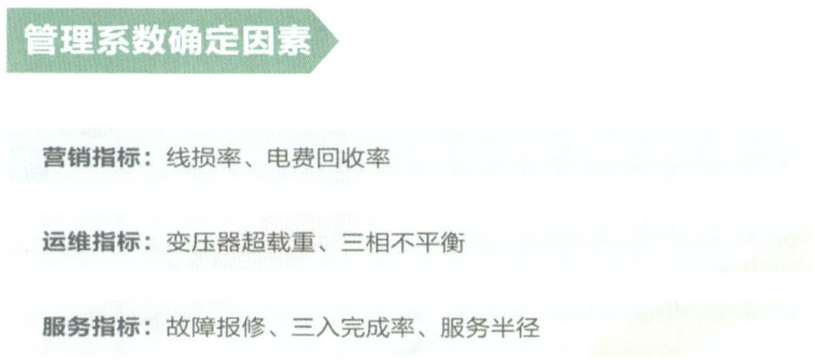

管理系数确定因素

营销指标：线损率、电费回收率

运维指标：变压器超载重、三相不平衡

服务指标：故障报修、三入完成率、服务半径

图 4-1 管理指标

然后，根据供电企业自身情况特点，以组团式管理、专业工作组协作等措施，对台区经理的工作职责进行支撑补充，在具体应用时，应相应修正对应系数取值。

一是确定台区经理工作职责单元的劳动评价指标体系。台区经理岗位劳动评价指标体系由劳动责任、技术要求、劳动强度和劳动条件四大要素组成。劳动责任分解为岗位责任、安全责任、质量责任三项因素，技术要求分解为操作难易程度、工作对象复杂程度、技术知识要求三项因素，劳动强度分解为体力劳动强度、脑力劳动强度、工作班制三项因素，劳动条件分解为危害程度、危险程度、工作环境三项因素。

二是确定各项台区经理工作职责单元的典型工作的难度系数分值。在前期，经过大量调研、分析和开展工作写实的基础上，引入专家分析法，组成由供电所所长、班长、台区经理代表、管理人员代表及咨询公司人员参加的专家分析小组，按照台区经理劳动评价指标体系对各项工作职责进行逐项分析，将影响台区经理单位工作难度的因素进行分类、总结，形成量化结果，确定台区经理在营销 业务类、运检施工类、客户服务类工作过程中从事日常典型工作的难度系数，以此确定不同职责工作系数分值。

三是列出影响台区经理具体工作难度系数的差异化影响因素清单。现场调研显示，台区经理工作难度主要受台区的基础规模、地理环境、装置水平等多方面因素的影响，如线路设备巡视及简单维护、配电房维护等工作的工作量和开展难度，会受到线路长度、线路种类及改造比率、台区装置形式等多个因素影响。故通过讨论、分析，将影响基础规模系数分值测算的各类因素进行收集、汇总、分类，确定地域范围、台区类型、线路信息、用户信息、地形交通作为台区经理岗位工作难度系数综合评估的五大要素。

四是确定不同条件下的职责工作难度系数。以典型工作的难度系数分值为基础，根据台区经理管辖对象的具体情况不同，再次采用专家分析法进行量化分析，对系数分值进行分别修正调整，确定具体职责工作在不同对象条件下的系数分值影响修正值，并形成初步模型。

五是代入测算、审查、优化。根据测算结果，在试点班组进行初步代入测算，形成测算结果，并组织相关人员进行组织对比、审查、优化，确定所有工作的日常管辖系数模型方案。最终测算出台区管理的各项目标值，如表 4-1 所示。

表4-1 台区管理各项目标值

系数	营销指标		运维指标			服务指标	
	线损率（%）	电费回收率（%）	配变超载率（%）	三相不平衡	故障报修	三入完成率（%）	服务半径（km）
0.8	≥ 0，≤ 4	100	0	0	0	≥ 95	≤ 2
1.0	≥ −1，< 0 或 > 4，≤ 5	≥ 99.9，< 100	≥ 1，≤ 3	≥ 1，≤ 3	≥ 1，≤ 3	< 95，≥ 90	> 2，≤ 5
1.5	> 5，< −1	< 99.9	> 3	> 3	> 3	< 90	> 5

管理系数测算公式为：

管理系数 =（线损率系数 × 0.5 + 电费回收率系数 × 0.5）× 0.3 +（配变超重载系数 × 0.5 + 三相不平衡系数 × 0.5）× 0.2 +（故障报修系数 × 0.3 + 三入完成率系数 × 0.3 + 服务半径系数 × 0.4）× 0.5。

（2）绩效辅导沟通。绩效沟通是绩效管理的灵魂和核心，是整个绩效管理过程中耗时最长、最关键、最能产生效果的环节。事实上，通过绩效管理，员工可以清楚地知道公司希望他做什么，什么事可以自己说了算，工作要干到什么份儿上，什么时候需要上级出面。说白了，绩效管理就是上下级之间就绩效目标的设定及实现而进行的持续不断双向沟通的一个过程。

可以说，如果企业的绩效管理缺乏了有效的绩效沟通，那企业的绩效管理就不能称之为绩效管理，至少在某种程度上是不完整的绩效管理。通过妥善有效的绩效沟通将有助于及时了解企业内外部管理上存在的问题，并可采取应对之策，防患于未然，降低企业的管理风险，同时也有助于帮助员工优化后一阶段的工作绩效，提高工作满意度，从中推动企业整体战略目标的达成，而且和谐的企业文化的构建，优秀的人力资源品牌也离不开妥善有效的绩效沟通的助推作用。

下面以沈高供电所的经验做法为例，进行展示。

1）目标制定。实践证明，"目标 + 沟通"的绩效管理方式最为有效和实用。只有目标确立了，管理者才清楚如何进行有效管理，员工才明白怎么做才是符合公司和部门的要求。绩效管理是服务于公司战略的，首先，沈高供电所与各台区经理明确目标台区的任务是什么（见图4-2，这是管理者和员工对话的一个重要内容）；其次，将打包的目标台区分解成各个小单元；最后，在筹划台区管理权竞拍前充分利用班前会和班后会组织进行沟通和协商。一般不仅会侧重结果（产出），也关注流程（过程），不仅关注收益增长，也关注潜力增长。

图 4-2　台区管理的目标任务

可从以下几个方面考虑关键绩效指标（KPI）：台区经理职位应承担的责任；台区经理总目标，体现出该职位对总目标的贡献；台区经理业务流程最终目标，体现出该职位对流程终点的支特。

　　需要注意的一点是，让台区经理根据绩效目标制订绩效周期内各项工作任务和目标实现的具体工作计划，这些工作计划是未来进行工作跟进检查和总结的依据。工作计划的使用会使绩效管理过程数据收集和资料积累变得自然而简单。

　　2）辅导沟通。绩效目标设定以后，供电所所长的主要工作就是跟进台区经理工作并对其进行辅导，实现绩效目标。绩效辅导是绩效管理的一个关键环节，绩效辅导应从绩效目标的设定开始到绩效考核结果反馈结束，它贯穿绩效管理过程的始终。沈高供电所辅导现场如图4-3所示。

图 4-3　沈高供电所辅导现场

　　绩效辅导过程中，供电所所长需要做以下工作：根据工作计划跟踪了解每个台区经理的工作进展情况；了解工作过程中遇到的障碍与问题；帮助台区经理清除工作的障碍；提供台区经理所需要的专业知识和技能培训；提供必要的资源支持和智力帮助；定期将台区经理的工作表现反馈给本人，包括正面的和负面的。

　　绩效沟通时供电所所长采取了以下方式：每月或每周同每名台区经理进行一次简短的工作交谈；定期召开工作例会，让每位台区经理汇报他完成的任务和工作情况；收集和记录台区经理行为或结果的关键事件或数据；设计各类工作模板，督促每位台区经理定期按照模板进行简短的书面报告；非正式的沟通；当出现问题时，根据台区经理的要求进行专门的沟通，在其表现优秀的时候，给予及时的表扬和鼓励，以扩大正面行为所带来的积极影响，强化其积极表现。

（3）绩效考核评价。

1）采用价值积分兑现考核，内容包括行为积分、效率积分、质量积分、效益积分和成长积分五个部分。其中，行为积分考核，由台区经理所在岗位的每日工作内容得到相应积分，进行累加计算；效率积分考核，根据岗位责任制及日常工作完成的时效性进行考核赋分；质量积分考核，根据岗位责任制履行质量及日常工作质量进行考核赋分；效益积分考核，根据岗位分管的各项生产经营指标进行考核赋分；成长积分考核，根据台区经理参加不同级别的业务竞赛、成果推广、职称晋级及事故抢修等工作进行考核赋分。

2）价值积分的作用、意义：①能掌握台区经理的工作状态，通过价值积分考核，可以了解台区经理的工作能力及工作质量，对员工的业绩、品行、工作态度等进行综合评定；②能为奖金发放提供依据，奖金发放是绩效考核的最终体现，价值积分考核能够充分实现按劳分配、多劳多得的目标；③能为职位晋升、岗位调整等提供参考，通过有效的价值积分考核，可以挖掘台区经理潜力，发现其业务专长，在岗位调整时，考核结果可作为调整依据，达到人岗匹配、人尽其才的目的；④能增强业务培训的针对性，在进行价值积分考核的同时，能及时了解岗位对专业技术的需求，发现员工工作中的薄弱环节，为培训计划的制订及实施提供依据；⑤是评先树优的基本标准，兑现实施该方法，能有效提高员工的工作积极性，能使强者赢得更高的荣誉和利益，使弱者有压力和向上的动力，从而达到安全生产和经济效益"双赢"的目标。切实把考核结果与薪酬分配挂钩，为沈高供电所实施客观公正、科学规范的奖励激励政策奠定了坚实基础。图4-4为价值积分的作用。

3）绩效评价。在绩效目标确定和持续的绩效辅导基础上，每月月末沈高供电所所长与台区经理进行一次面对面的沟通，对台区经理绩效做

图 4-4　价值积分的作用

出评价。因为有前面环节的工作基础，对于台区经理的评价已不需要供电所所长费心自圆其说，也不需要和别人对比，每个人都和自己开始制定的目标去对比，台区经理工作做得怎么样在绩效目标、平时的沟通、供电所所长的记录里都得到了很好的体现，这些因素就决定了台区经理的绩效评价的高低，供电所所长只需保证其公平与公正即可。沈高供电所评价台区经理如图 4-5 所示。

图 4-5　沈高供电所评价台区经理

（4）绩效反馈与运用。

1）沟通与识别问题。在这个阶段中，供电所所长应该与存在绩效问题的台区经理进行沟通，同台区经理一起发现其实际绩效与期望水平之间的差距到底有多少，然后分析出造成这种差距的原因是什么，是由于台区经理能力的原因还是因为努力不够或者有些行为风格不太合适，或者有什么台区经理自己不能控制的因素在起作用，最关键的是要从这些原因中找出与台区经理自身有关的、可以通过具体措施改善的问题，如果问题不是由于台区经理自身的因素造成的，而是由周边环境的一些客观因素造成的，那供电所所长就应该设法去解决这些客观环境因素，而不改变台区经理的工作方式。如果确实是台区经理的能力问题，就应该安排培训或者其他方式帮助其提高能力水平。沈高供电所与台区经理的沟通反馈如图4-6所示。

图4-6　沈高供电所与台区经理的沟通反馈

2）采取帮助措施。在通过沟通确认了台区经理的绩效问题及造成绩效问题的原因之后，供电所所长应该首先以帮助者的角色出现，帮助台区经理一起制定绩效改进措施，根据其绩效问题，供电所所长帮助台区经理共同制定目标，给台区经理制定需努力才能达到的目标，同时在达到目标的过程中设置一些检查点，及时给台区经理一些检查和反馈。

3）采取处罚措施。对于绩效有问题的台区经理，如果采取帮助措施仍然不能奏效，供电所所长应果断地采取一些处罚措施。采取处罚措施要注意三个问题：一是采取处罚措施之前要事先与台区经理沟通，让其了解为什么要采取处罚措施、所要采取的措施是怎样的，以及在什么情况下自己将要被处罚；二是所采取的处罚措施要合乎情理，而且要由轻渐重，不要过于严苛；三是采取处罚措施之后，要注意监控和评估处罚后的结果。

综合本章内容分析不难看出，国网江苏省电力有限公司以问题为导向，充分应用多维精益管理理念，科学设置台区多维质效评价指标体系和台区经理激励机制，从 2018 年 2 月到现在，经历了探索期、实验期、成长期和成熟期，近五年的磨砺，创新实现"询价—竞价—后评价"闭环管理，向内挖潜充分激发基层农电员工的积极性，驱动农电台区管理资源优化配置，助力国网江苏省电力有限公司提质增效工作向末端延伸，前瞻性地走出了一条符合当今农电工作现状的、独具特色的管理之路，持续推动了江苏农村电网建设高质量发展。

4.1.2 绩效经理人及其作用

通过对国网江苏省电力有限公司供电所台区管理权的荷兰式拍卖的了解，认识到，优秀的绩效经理人的作用是非常重要的，即企业负责人对企业的绩效管理起着决定性的影响，通过明确企业发展战略、树立绩效管理理念、监控评估绩效实施、克服绩效管理阻碍等，最终实现绩效管理和公司战略目标；部门负责人在企业绩效管型中担负着承上启下的重任，是企业战略落地和实现企业绩效管里目标的重要支撑，既是绩效管理的执行者，也是绩效文化的引领者和绩效管理创新的变革者；班组长是企业最基层生产现场的关键管理者，是安全生产第一线的指挥员，是优秀班组绩效管理的理念制定者和执行排头兵，能激发班组成员内在潜力，助推企业生产任务优质高效完成。

绩效经理人识别、衡量及开发员工和团队绩效，并通过观察、辅导、反馈提供资源，一般包括 3 类管理人员，即基层班组长、部门 / 工区负责人、公司负责人。绩效经理人就是绩效管理人员，使员工能力、素养持续提升的直线经理人。

1. 认识绩效经理人

绩效经理人对公司而言是一项制度。绩效经理人制度是按照国家电网公司和公司全员绩效管理的要求，为进一步明确各级团队管理者作为团队业绩责任人、员工绩效辅导改善中履行经理人的职责，发挥经理人的作用，充分体现经理人的价值所建立的创新性管理机制与制度，制度包括培训、考核、激励等。

绩效经理人对管理者而言是一种责任。绩效经理人必须承担团队绩效目标与绩效指标设定分解、员工绩效计划拟定与绩效辅导、员工绩效评价与沟通面谈及运用绩效结果培养激励发展员工等关键职责，绩效经理人有考核权、绩效薪酬分配权和员工发展建议权。

（1）绩效经理人的内涵。通过对电力企业绩效经理人制度实际应用状况的研究，把绩效管理人员的能力素质要求分成"应知"和"应会"两类，其中"应知"包括了绩效管理人员具备必要的对本企业绩效管理政策和制度的准确理解，对绩效管理理论知识的掌握，以及具备充分的绩效经理人角色意识；"应会"包括绩效管理的必备工作技能，作为管理人员对于绩效管理相应的领导力要求，以及适合匹配的性格，具体说明参考表4-2能力素质模型框架表。

表4-2　　　　　　　　　　能力素质模型框架表

能力素质分类框架		分类定义
应知	政策&制度	履行绩效经理人角色所必要掌握的国家电网绩效管理政策、当地公司绩效管理制度
	理论&知识	履行绩效经理人角色所必要掌握的绩效管理理论、管理工具
	角色意识	在意识上对履职绩效经理人的重视度，在态度上的积极投入，不断提升履职质量与成效
应会	工作技能	履行绩效管理的工作流程、必要的操作步骤和履职要点
	领导力	作为管理人员为了更好地履职绩效管理工作时必须展示的领导力成效
	性格匹配	作为管理人员为了更好地履职绩效管理工作时需要展示出相匹配的性格特点

（2）绩效经理人的职责。绩效经理人工作的首要目的就是要提高业绩，其主要职责是按照公司对绩效管理的要求，制定绩效考核及相关管理制度，建立公司考核绩效工作的后续跟踪、评估、分析与优化工作，为领

导决策提供数据支持。具体职责包括以下五个方面：

1）分解任务、制订计划、设定指标。根据下达的团队业绩目标和工作任务，分析目标任务和团队及员工特点，按照部门职责和岗位职责，制订团队绩效计划、设定分解员工绩效指标。

2）沟通辅导、解答困惑、签署合约。与团队和员工充分沟通，辅导员工理解任务特点，解答员工困惑，与员工签署绩效合约，指导协助员工制订绩效计划。

3）分析问题、提供支持、督导业绩。及时了解掌握团队与员工完成业绩遇到的问题，共同分析原因，提供适时支持与帮助，促进督导员工进行业绩改善。

4）客观评价、面谈反馈、促进改善。根据员工业绩、能力、行为和工作态度表现，定期对员工做出客观评价，通过绩效沟通面谈向员工反馈，帮助员工建立改善目标。

5）开发潜力、培养能力、激励发展。根据公司发展和员工成长潜力及职业发展意愿，辅导员工学习新知识，提高技术、技能水平和履职能力，激励员工建立长远目标。

我们通过深入了解国网江苏省电力有限公司绩效经理人（班组长）管理工作情况，为读者展示其工作流程如表4-3所示。

表 4-3 　　　　　绩效经理人（班组长）工作流程表

流程步骤	绩效经理人（班组长）	考核对象（班组成员）	完成时间节点
签订绩效合约阶段	（1）根据考核要求，拟定工作积分项目和标准	履行绩效合约内容	2月底之前
	（2）与班组成员签订绩效合约		
过程监控阶段	（1）实施绩效辅导与谈话，为班组成员提供帮助和指导	制订绩效改进计划并执行	每月至少1次
	（2）跟踪检查指标和任务完成情况，实施绩效面谈，提出绩效改进意见		
	（3）按月汇总工作任务完成情况，并以看板的形式公布		

流程步骤	绩效经理人（班组长）	考核对象（班组成员）	完成时间节点
月度考核评价、反馈阶段	（1）根据班组成员月度工作任务完成情况，计算月度工作积分，并提出考核意见	认为月度考核结果有疑问，可以提出绩效申诉	每月初
	（2）考核结果汇总交公司绩效管理办公室		
	（3）向班组成员反馈季度工作进展情况、成绩和存在的问题		
	（4）填写国网江苏省电力有限公司员工绩效考核登记表		
年度考核评价、反馈阶段	（1）根据年度工作完成情况，提出年度考核意见	（1）提交年度工作总结（2）认为年度考核结果有疑问，可提出绩效申诉	每年1月初
	（2）考核结果汇总交公司绩效管理办公室		
	（3）向班组成员反馈年度工作进展情况、成绩和存在的问题		
	（4）填写国网江苏省电力有限公司员工绩效考核登记表		

（3）绩效经理人的行为特征。根据绩效经理人的具体工作，优秀的绩效经理人应具备以下行为特征：

1）目标的制定。具有全局观念和以人为本的理念，能够兼顾公司业绩目标和员工个人成长，科学制订部门和员工绩效计划。

2）过程的管控。能够知人善任，向员工合理配置资源并适当授权，做到权责清晰、分工明确，对工作任务过程中的关键节点有效把控，及时纠偏。

3）绩效的评估。以公平、公正为原则制定员工考评规则，依据个人业绩和贡献度对员工进行考评打分，有效激励员工工作热情与动力。

4）沟通与辅导。具有员工"成长导师"理念，能够关注员工工作任务推进情况，采用恰当的方式与员工进行沟通，帮员工解决遇到的难题，能够在提出要求的时候耐心听取员工建议。

5）结果的反馈。及时向员工反馈绩效考评结果，就存在的问题和工作表现与员工进行沟通，并提出改进意见。

2. 绩效经理人的作用及相关问题

　　绩效经理人是实施绩效管理的责任主体。其中，企业负责人是部门负责人的绩效经理人，部门负责人是部门员工的绩效经理人。绩效经理人是员工能力发展的指导者、员工业绩完成的评定者、员工任务目标的制定者，其依据各级管理目标对全体员工进行工作目标的制定、评价及培养，做好绩效计划、实施、评价、反馈、改进等各环节工作，加强辅导、沟通，及时掌握员工思想动态，做好内部协调，以发挥绩效考核的积极作用。绩效经理人既对公司整体的绩效目标负责，又对员工的绩效提升负责，具有承上启下的关键作用，是推动绩效管理的核心力量。

　　影响绩效经理人作用有效发挥的因素：由于企业中各级绩效经理人对绩效管理的理解、重视程度及自身的素质不同，在实施绩效管理过程中其主体作用发挥成效参差不齐，再加上各企业绩效管理机制不同，员工整体形成的绩效文化和氛围对绩效经理人作用的发挥也有显著影响，主要体现在以下六个方面。

　　（1）绩效管理机制不健全。企业缺乏良好的绩效管理文化氛围，绩效管理机制仍处于边摸索边建设的过程中，尚未达到成熟阶段，导致绩效考核轮流坐庄，绩效管理流于形式，存在绩效经理人不愿伤人、和稀泥等情况。

　　（2）绩效经理人素质有待提升。打铁还需自身硬，绩效管理工作涉及企业各级各类人员，从领导班子到一线班组长，素质的差异导致各级绩效经理人的能力千差万别，难以有效履责。

　　（3）绩效经理人不愿履职。部分能力较强、素质较高的绩效经理人，对绩效管理工作不认同或心存抵触，虽具备管理素质却不愿切实履行职责。

　　（4）对绩效管理的认识存在偏差。一是认为绩效管理仅仅是人力资源的事情；二是认为绩效管理等同于绩效考核；三是没有认识到绩效管理的实质是与员工持续沟通、不断改进。由于管理者的理解不足，导致现有的绩效管理工作虽耗费大量人力、精力，却依旧收效甚微，难以形成合力。

（5）考核过程形式化。部分绩效经理人将绩效工作当成额外的负担，绩效管理走过场，把绩效评估视为打个分、走流程，考核结果平均主义，缺乏对员工绩效表现的认真分析，也没有利用绩效管理的过程和结果来帮助员工提升绩效、行为和能力，导致绩效成了无用的摆设。

（6）忽视绩效沟通的重要性。绩效经理人普遍对绩效沟通缺乏认识和执行，制订计划时不与员工沟通、计划实施过程中缺乏沟通辅导、考核结束后没有反馈面谈，导致员工绩效目标不清、绩效实施不力、绩效结果不满，引起员工不必要的误解和矛盾。

3. 找寻突破口 解决问题

（1）完善公开、公平、公正的绩效管理机制。充分尊重员工在绩效合约制定、考核评价与结果反馈等环节的知情需求，将绩效管理全过程更加透明化，明确员工拥有得到绩效经理人沟通辅导、反馈绩效结果的权利，鼓励员工向绩效经理人表达沟通与反馈需求，倒逼各级绩效经理人认真履职。动员人人参与规则的制定，参与过程就是理解和认识过程，以便在实施过程中得到广泛支持，在公司内部形成浓厚的绩效氛围，有力推动绩效经理人作用的发挥。

（2）建立绩效经理人履职成效后评估机制，督促绩效经理人有效履职。通过座谈会、调查问卷等形式进行绩效经理人反馈与沟通作用后评估，调研分析其履职成效；对员工的绩效考核结果进行数据分析，查找考核结果与实际表现逻辑不符等现象的数据痕迹，将分析结果层层反馈给各级绩效经理人，重点是对存在的问题给予改进指导，促使履职动力提升。

（3）在整个考核体系中，要适度平衡组织绩效考核和员工个人绩效考核的奖惩比重，统一绩效考核制度，强化量化考核管理，完善激励机制。需要转变观念，改变全员绩效管理是得罪人的思想，"对事不对人，依规办事"，为绩效经理人的有效履职扫清障碍。

（4）营造良好的氛围，重点抓好对各级绩效经理人的培训，从绩效管理理念、绩效指标设定规则与技巧、绩效反馈与沟通技巧等多方面进行知识培训与理念内化、技能培养。尤其针对一线班组长，利用先进典型带动培养，提高工作实务技能，组织现场跟班学习，分批组织工作能力需提升的绩效经理人到专业相近的岗位现场跟班学习，切实提高履职能力。

4. 取得的效果

为全面提升绩效经理人履职能力，着力解决绩效经理人 "不会干" "不想干" "干得好不好评价难" 等现实问题，国网江苏省电力有限公司坚持问题导向和需求导向，以履职提升为目标，创新构建绩效经理人 "136" 管理体系，致力于打造一支 "懂理论、会实操、善管理" 的绩效经理人队伍。通过做实培养考评，构建绩效经理人 "六能六会" 能力素质模型，搭建符合绩效经理人成长规律的 "阶梯式" 培训体系，建立培训成效评估考核规范，夯实绩效经理人履职提升的基础；通过做优履职评价，制定岗位胜任标准，构建 "两维八要素" 履职评价模型，科学评价履职能力与成效，抓牢绩效经理人履职提升的核心；通过做好应用提升，以激励有效、约束有力为原则，全方位应用绩效经理人履职评价结果，多渠道发力引导绩效经理人持续改进，激活绩效经理人履职提升的关键。"136" 管理体系的构建与实施，贯通了绩效管理人 "培养考评—履职评价—应用提升" 的全流程，推动绩效经理人履职能力、履职成效和履职动力全面提升。

国网江苏省电力有限公司通过实行绩效经理人制度，结合在国内率先开展的台区管理权荷兰式竞拍工作，有效激发了绩效经理人的主导作用。同时，一方面完善内部绩效考核机制，将绩效管理落到实处，提升了基层绩效管理水平；另一方面，落实绩效过程管控与沟通反馈，深化考核结果应用，全员上下形成了良好的绩效文化和氛围。具体表现为：以沈高供电所为例，在台区管理权竞拍模式应用后，线损率降低至 3.48%、供电可靠性提升至 99.80%、综合电压合格率提升至 99.97%、三相不平衡率也从应用开展前的 2.49% 降低至 0.68%，而报修数量更是减少 50%，台区经理的绩效额平均每人每年增加 10%，起到了精准绩效管理，显著提质增效的作用。基于绩效经理人的绩效管理模式在该电力企业的应用，切实改变了传统绩效考核模式的不足，在企业内部形成绩效管理与人力资源管理各模块的有机联动，助推企业绩效目标的实现。

（1）多维度量化积分考核，将班组工作内容对应多维度量化的积分制分解为安全生产目标、优化投资营商环境目标、公司年度工作目标和部门年度工作目标四个模块，从工作态度、工作能力、工作业绩三个维度进行量化评价。图 4-7 为沈高供电所绩效经理人在移动作业现场。

图 4-7　沈高供电所绩效经理人在移动作业现场

（2）通过优化团队绩效、薪点和岗级设重，建立"三得"（劳多者得、质高者得、学优者得）绩效管理体系，坚持按劳分配、群众参与、公开透明的原则，杜绝"干多干少一个样""干好干坏一个样"等不合理现象。图 4-8 为沈高供电所绩效经理人在处缺现场。

（3）引入安全积分，进一步强化了班组对现场安全管理和掌控，现场行为挂钩绩效使员工增强了安全生产的主人翁意识，进一步提升现场安全预控能力和参与安全管理的积极性。安全积分累计的不仅仅是绩效，更是一种安全意识的量变到质变，使现场安全隐患不攻自破，实现从"要我安全"到"我要安全"再到"我能安全"的转变（见图 4-9）。

（4）创新引入轮值绩效经理人机制，班组成员依次参与绩效经理人对

图 4-8　沈高供电所绩效经理人在处缺现场

全员的月度考核、绩效评级、绩效奖二次分配等工作中，提高考核分配的及时性，促进绩效评价的公正性。图 4-10 为班组绩效园地。

（5）组织月度会、工作经验分享会，全景展示绩效优秀员工先进事迹，让全体员工学有方向、赶

图 4-9　安全理念的逐步转变

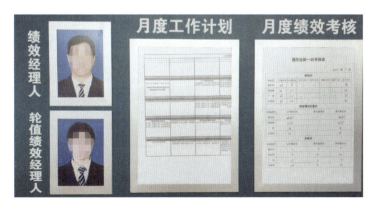

图 4-10　班组绩效园地

有目标，增加优秀员工曝光率，形成"人人有机会，个个争上榜"的良好氛围，增进员工工作自豪感和组织归属感。绩效优秀员工表彰如图 4-11 所示。

图 4-11　绩效优秀员工表彰

4.2　经济学之理论支撑

绩效管理是提高企业经营管理水平的有效途径，这一点已为市场竞争实践所证实。中国改革开放大门越开越大，必将带动市场竞争机制的进一步完善，尤其是当国外企业先进的绩效管理模式进入中国市场后，必将对中国企业的发展造成强烈冲击，企业间的竞争必将更加激烈，在这种新的竞争格局中，企业要想取得优势，就必然要不断地提高其绩效管理水平，这一点已得到业界的广泛认可。因为绩效管理是一种提高组织员工的绩效和开发团队、个体的潜能，使组织不断获得成功的管理思想和具有战略意义的、整合的管理方法，以绩效管理为抓手，企业经济管理效果会更好。

4.2.1　供需平衡

供需平衡（supply and demand balance）是指消除供需之间的不适应、不平衡现象，使供应与需求相互适应、相对一致、消除供求差异、实现供需均衡。组织供需平衡就是要根据市场消费需求的变化，及时调整生产结构，在商品供给量与商品购买力之间出现差额（供过于求或者供不应求）时，采取积极有效的措施，组织起符合客观实际的市场商品供需平衡。供给和需求的关系如图 4-12 所示，可见在其他条件不变的情况下，需求的变动会引起均衡价格和均衡数量按相同方向发生变动；供给的变动则会分别引起均衡价格的反方向变动和均衡数量的同方向变动。需求、供给的变动与均衡价格和均衡数量的变动之间的这种内在联系即为供求法则或供求定律。

如果要搞清楚供需平衡的概念，我们首先需要搞清楚两个概念，即供给与需求。

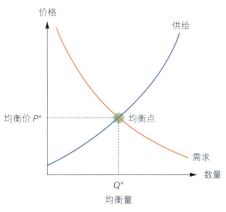

图 4-12　供给和需求的关系

1. 供给

供给在经济学中是指生产者在某一特定时期内，在每一价格水平上生产者愿意并且能够生产出一定数量的商品、劳务，或生产出一定的数量商品后愿意并且能够售出的商品或劳务数量。能够提供给出售市场的商品总量，包括已经处在市场上的商品的流量和生产者能够提供给市场的商品的存量。市场供给量一般不是生产量，因为生产量中有一部分用于生产者自己消费或还可以有一定的库存量。

供给曲线数量关系如图 4-13 所示，一般向右上方倾斜。它表明，价格与数量之间存在正比关系，即商品的供给量与其价格成同方向变动，被称为供给定理。在市场经济中，供给量与价格的关系是：如果商品价格高，供给量会增加；如果商品价格低，供给量会减少。

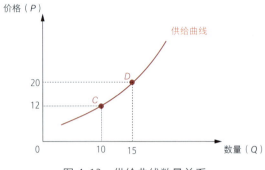

图 4-13 供给曲线数量关系

在需求曲线一定的前提下，如果生产出来的商品量供给的多（增加），那么价格会低（下降）；如果生产出来的商品量要供给的少（减少），那么价格会高（上涨）。

影响供给的因素较为复杂，既有经济因素，也有非经济因素。它除了受商品本身价格影响，还受生产厂商的生产目标、相关产品的价格、生产要素的成本、生产技术水平、政府宏观调控政策等影响。在市场经济条件下，生产者的总目标是利润最大化，但在一定时期内，生产者为了占领市场，其生产目标还可能是产量的最大化或销售收入的最大化。在某些特定的情况下，生产者还可能有其他政治的或社会道义的目标，生产者的生产目标对供给数量有重要的影响。

2. 需求

需求也就是市场的另外一方，是指在一定时期，在既定的价格水平下，消费者愿意并且能购买的商品数量。需求显示了随着价格升降，而其他因素不变的情况下，某个体在每段时间内所愿意买的某货物的数量。在某一价格下，消费者愿意购买的某一货物的总数量称为需求量。在不同价格下，需求量会不同。需求曲线数量关系如图 4-14 所示，横轴 Q 代表需求量，纵轴 P 代表价格。需求曲线一般向右下方倾斜，它表明需求量随商品本身价格的上升而减少，随商品本身价格的下降而增加，这一理论被称为需求定理。

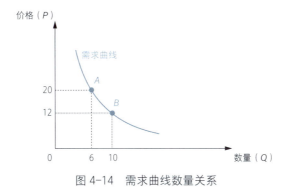

图 4-14　需求曲线数量关系

3. 影响需求量的因素

（1）商品本身价格，一般而言，商品的价格与需求量成反方向变动，即价格越高，需求越少，反之价格越低，需求越多。

（2）相关商品的价格，当一种商品本身价格不变，而其他相关商品价格发生变化时，这种商品的需求量也会发生变化。

（3）消费者的收入水平，当消费者的收入提高时，会增加商品的需求量，反之消费者的收入降低时，会减少商品的需求量，劣等品除外。

（4）消费者的偏好，当消费者对某种商品的偏好程度增强时，该商品的需求量就会增加，相反偏好程度减弱，需求量就会减少。

（5）消费者对未来商品的价格预期，当消费者预期某种商品的价格即将上升时，社会增加对该商品的现期需求量，因为理性的人会在价格上升以前购买产品。反之，就会减少对该商品的预期需求量。

（6）人口规模，如何理解供需平衡？当一种商品的市场供给量和需求量相等，既没有余额，也没有缺额，供给量等于需求量，供给和需求相等，也就是商品的市场供求相等。供需平衡是消除供求差异，实现供求均衡的状态。供需平衡是相对的，不是一成不变的，供需平衡是一种理想的状态，现实中是很难达到的。供需平衡的本质是使市场商品供应量及其构成与市场上有货币支付能力的商品需求量及其构成之间保持平衡。在社会主义制度下，组织市场商品供需平衡，保持供求比例协调，是国民经济综合平衡的一项极其重要的内容，也是流通部门的一项重要工作。

由公式，价格 = 使用价值 × （需求量 / 供应量），可得到，价格 × 供应量 = 使用价值 × 需求量。这就是供需平衡，供需不相等由价格及使用价值平衡，如同杠杆原理，不等臂则调整配重使之平衡。供需比相当于不等臂天平的杠杆比例，使用价值是被测量，通过调整价格实现天平平衡，从而实现使用价值的测量。供需平衡为一个动态平衡，符合勒沙特列平衡原理：在一个平衡体系中，若改变影响平衡的一个条件，平衡总是要向能够减弱这种改变的方向移动。

4. 供需平衡的重要意义

组织市场商品供需平衡，使商品供应与商品需求之间保持相互适应的关系，对于发展国民经济，合理组织流通，保障人民生活的安定，都具有十分重要的意义。

（1）供需平衡是实现按劳分配原则的重要保证。在社会主义条件下，按劳分配是借助于货币通过商品交换形式实现的，劳动者按照劳动所得获得的货币收入，只有通过市场买到自己所需要的消费品，才能使按劳分配得到最终实现。如果商品供需不平衡，尤其是供不应求，就无法保证城乡居民的货币收入顺利地转化为商品，无法保证社会主义按劳分配原则得到充分的贯彻执行，进而就无法保证人民生活水平的不断提高，这必然会挫伤人民群众的积极性。

（2）供需平衡是合理配置社会资源的有效手段。实现供需平衡，有利于合理利用人力、物力、财力和自然资源，避免社会财富的浪费。市场商品供需平衡，意味着国民经济基本比例关系比较协调，社会总劳动时间按照社会需要和比例分配于各类商品的生产上，整个社会生产以合理的劳动耗费取得好的经济效益。而市场商品供需不平衡的任何一种状况的存在，都会给社会造成浪费和损失。当商品供不应求时，也会出现社会人力、物力、财力得不到充分利用或使用不当的情况，还会削弱群众对商业服务质量的监督，影响企业改善经营管理，提高服务质量，这既损害消费者的利益，又损害社会的利益。

5. 实现供需平衡的要求和措施

（1）既要求得到市场商品供给总量和商品购买力总额之间的平衡，又要求得到主要商品供求额之间的平衡。市场商品供给总量和商品购买力总额之间的平衡是前提，主要商品供求额之间的平衡是基础。主要商品虽然品种不多，但消费量很大，如果主要商品供需不平衡，供需总额的平衡就难以实现。

（2）既要在全国范围内组织好供需平衡，又要在各地区组织好供需平衡。实现全国范围的平衡是组织商品供需平衡的总体目标，全国供需平衡了，才能保持全国物价总水平的基本稳定。

（3）安排并组织实现国民经济主要比例关系的综合平衡。国家通过加强宏观规划与对市场进行有效的宏观调控，搞好国民经济中主要比例的综合平衡是组织实现市场商品供需平衡的基础。

（4）合理调整产业结构，按需组织社会生产。产业结构是否合理，工农轻重的比例关系是否协调，对能否实现供需平衡非常重要。

（5）台区管理权竞拍中商品就是台区的管理权，台区经理根据自身的管理能力，通过报价来获取管理权。台区管理权的供给主要来源于新增台区、退休人员所辖台区及指标较为落后的台区，相对来说是固定的，不会因为需求变动而发生较大变化。需求与台区经理个人的管理能力直接挂钩，影响因素较多，故通过价格的变动来对需求进行调节，从而达到最终的供需平衡，实现人力资源的最优配置。

4.2.2　市场

市场是商品经济的产物，哪里有社会分工和商品生产，哪里就有市场，人们对市场的认识随着生产力的发展和社会分工的扩大而不断深化、充实和完善，市场的含义随着商品经济的发展而不断发生变化，在不同的历史时期、不同的场合，具有不同的含义。市场最初的含义是指商品交易的场所，"市"就是买卖，"场"就是场所，市场即买者和卖者于一定的时间聚集在一起进行交换的场所。因此，市场就是交易的场所，这是市场最古老的定义。原始市场有市井，"市"在古代也称作"市井"，这是因为最初的交易都是在井边进行的。《史记正义》写道："古者相聚汲水，有物便卖，因成市，故曰'市井'。"对于企业来说，市场是其营销活动的出发点和归宿，能否正确地认识其特征和作用、了解市场购买者的行为，关系企业能否制订正确的营销方案，进而关系企业的兴衰存亡。

市场是商品和服务价格建立的过程，市场促进贸易，并促成社会中的资源分配，市场允许任何可交易项目进行评估和定价。市场或多或少自发地出现，或者可以通过人际互动刻意地构建，以便交换服务和商品的权利（如所有权）。传统观念的市场是商品交换的场所，如商店、集市、商场、批发站、交易所等，广义的市场是指由那些具有特定需要或欲望，愿意并能够通过交换来满足这种需要或欲望的全部顾客所构成的。

（1）市场的构成要素。

人口是构成市场的最基本要素，消费者人口的多少，决定着市场的规模和容量的大小，而人口的构成及其变化则影响着市场需求的构成和变化。因此，人口是市场三要素中最基本的要素。

购买力是指消费者支付货币以购买商品或服务的能力，是构成现实市场的物质基础。一定时期内，消费者的可支配收入水平决定了购买力水平的高低。购买力是市场三要素中最物质的要素。

购买欲望是指消费者购买商品或服务的动机、愿望和要求，是由消费者心理需求和生理需求引发的。产生购买欲望是消费者将潜在购买力转化为现实购买力的必要条件。

市场的这三个要素是相互制约、缺一不可的，它们共同构成企业的微观市场，而市场营销学研究的正是这种微观市场的消费需求。

（2）市场结构。

影响市场结构的因素主要有市场上卖者、买者的数量及产品的特性。国民经济发展越快，国民的实际收入就提高得越多，购买商品的支付能力就越强，市场就越繁荣。对某种商品而言，随着买卖双方数量的增多，市场竞争就会加剧。

商品的特性能够影响销售该商品的市场结构，如果某种商品的替代品增多，其市场竞争就会加剧。如果以卖方行为和市场竞争程度为依据，市场结构可以划分为完全竞争市场、完全垄断市场、垄断竞争市场和寡头垄断市场。就市场效率而言，完全竞争市场优于垄断竞争市场，垄断竞争市场优于寡头垄断市场，寡头垄断市场又优于完全垄断市场。

1) 完全竞争市场。符合以下条件可以称之为经济学意义上的完全竞争市场：

大量买者和卖者。市场上必须有足够多的买者和卖者，任何一个市场成员所占的市场份额都将微不足道，从而无法通过自己的买卖行为影响总产量或市场价格。通俗地讲，这一条件叫做买卖双方无垄断行为。

资源完全自由流动。买者和卖者可以自由进出市场，各种生产资源可以完全自由流动。

同质产品。市场上销售的商品为标准化产品，是同质的和无差别的，买者对于具体的卖者并无特别的偏爱。

信息充分。生产者与消费者对市场信息都能充分了解，或者说市场信息畅通，买者和卖者都能掌握有关产品的成本、价格和质量等"情报"。

优点：完全竞争市场能使企业在平均成本最低点上进行生产，资源得到了有效的利用，消费者能以低价购买所需的商品，买卖双方公平、合理。因此，完全竞争市场是理想的、富有效率的市场结构。

缺点：产品无差异，不能满足不同偏好的消费者的需求，且对企业的生产规模的扩展无形中起了限制作用。

2) 完全垄断市场。完全垄断市场又称为独家垄断市场，一般分为两类，即完全政府垄断或完全私人垄断。形成原因有三个方面：一是规模经济的要求，即有些企业的生产需要投入大量固定资产和资金，一旦形成生产规模就使企业具有了强大的竞争能力和优势，具有这种规模的生产则具有经济性，否则为不经济；二是由于资源的稀缺性，单个企业可能通过专利权或国家授予的经营权进行独占；三是对于关系国计民生的行业，在一定时期内，国家进行重点扶持和控制，以利于经济的发展。

优点：如果许多小企业通过相互兼并而形成垄断企业，则有利于社会分工，实行大规模生产和经营，降低成本，提高经济效益。

缺点：由于垄断企业可以通过限制产量来提高市场价格，从而获取超额利润，因此一般不会在平均成本的最低点上进行生产，由于缺乏有效的市场竞争，市场价格往往高于生产成本，所提供的产量不是最优的，资源没有得到充分利用，同时消费者的利益也受到损害。由于不存在竞争压力，缺乏改进产品、进行技术革新的动力，完全垄断市场被认为是经济效益最低的一种市场结构。政府往往直接控制垄断行业的商品市场价格，对垄断企业的超额利润收重税，防止垄断企业获取过高的经济利润。

3）垄断竞争市场。垄断竞争市场是介于完全竞争市场和完全垄断市场之间的一种市场结构，既存在有限度的垄断，也存在不完全的竞争。主要特点包括：同一产品类别内的企业的数量很多，相互之间存在着竞争；不同企业的同类产品之间在性能、价格等方面存在差异；企业可自由进入或退出市场；买者和卖者都能得到完全的商品信息。

垄断竞争市场与完全竞争市场的主要区别在于，企业提供的产品存在差异。垄断竞争市场与垄断市场的主要区别在于，市场上存在大量的替代品和竞争者。

优点：垄断竞争条件下的产品是多样化的，有差别的，与完全竞争市场的单调产品相比较，能更好地满足众多消费者的不同偏好。由于商标、服务态度等能构成商品的差别，从而能促进企业保持商标信誉，提高产品质量，改进服务方式。垄断竞争企业既有竞争对手的威胁，又有一定的垄断因素可保障技术创新的收益。

缺点：垄断竞争企业决不会在其平均成本的最低点上进行生产，市场价格高于企业的边际成本；市场的资源利用率和经济效益比完全竞争市场低，但比垄断市场高。

总之，垄断竞争市场富有效率的竞争有利于促进技术进步和社会发展，抵消或者超过了它的弊端所带来的影响，因而被认为是当代可行的市场经济模型。

4）寡头垄断市场。寡头垄断市场是指垄断市场中只有几家大企业提供行业的大部分产品，这几家企业在行业总产量中各占较大的市场份额，可在很大程度上影响市场的价格，因而一家企业的供给行为将会对其他企业的生产和收益产生较大的影响，如美国的钢铁、汽车，是介于完全垄断和垄断竞争之间的一种市场模式，主要形成原因是规模经济的发展结果。主要特点包括：厂商极少；进出不易；产品同质或异质；相互依存。

与其他三种市场结构不同的是，寡头市场的厂商存在相互依存的关系，这是寡头市场最突出的特点。这种相互依存的关系给寡头们的决策带来很大的不确定性，同时也使得对寡头市场的理论分析具有较大的难度，特别是对其均衡价格、均衡产量的决定难以得出完美和确定的结论。为此，在现代经济学中发展出许多有效的数学工具来分析寡头厂商之间的关系，如最具代表性的博弈论。

优点：寡头垄断市场存在竞争，可带来产品的多样化和技术革新。寡头垄断市场的效率高于完全垄断市场，但低于垄断竞争市场。

缺点：企业不会在平均成本的最低点上进行生产，寡头市场价格往往高于边际成本，使社会效益受到损失，资源不能得到最好的利用。

沈高供电所通过建立"三量三价"的供电所台区管理权竞拍的绩效管理机制，赋予台区管理权价格，通过竞拍的方式建立公开、公平的完全竞争市场。在市场里，富有余力的台区经理通过自由出价，用合理的最低价得到台区的管理权。一方面，让竞拍者的剩余劳动力可有机会转化为收益；另一方面，降低了企业的用工成本，以最小的成本获得最大的收益，资源得到了有效利用。

4.2.3 内模市场

内部模拟市场（简称内模市场）是企业根据市场经济运行规律，模拟市场交易方式来组织企业内部生产经营活动，内部所有二级单位是构成市场的主体，以价格为纽带，统一价格和结算方式，将内部上下工序之间的行政关系变为等价交换的经济关系。

内部模拟市场的实质是将市场化机制引入企业内部，将市场经济原理与经营实际情况相结合，在企业内部用契约关系代替主从关系，用交换关系代替行政关系，模拟市场化经营管理模式，实施全业务模拟市场化结算与核算，全口径模拟确认收入与成本，反映投入产出结果，评估经营管理与实现效益的新管理模式。

1. 内模市场的内涵

（1）内模市场化管理是企业管理思想的进一步更新，建立以效率和效益为中心、以员工为中心的企业内部价值观，充分尊重市场机制与价值规律，尽可能地以利益驱动为管理方式。

（2）内模市场化管理是企业目标管理的进一步优化，将企业总目标层层分解到部门、班组、个人等各级市场主体，各主体追求自我目标实现的过程就是企业完成既定目标的过程，目标管理用于企业内部市场，体现了市场机制与管理机制的融合。

（3）内模市场化管理是企业核算主体的进一步细化，也是精益化管理的重要体现。内模市场化管理实施后，各部门之间、上下游工序之间是平等竞争、相互服务的关系，通过向各级市场主体下放经营自主权，划小核算单位，明确责权利主体，有利于减少推诿扯皮现象，促进各核算单位改进生产经营方式。

（4）内模市场化管理是企业运行规则的进一步规范化，为防止部门利益损害整体利益和避免企业内各部门为争夺企业资源发生冲突，必须明确内模市场的交易规则，制定这些规则时要按照企业整体战略要求，以企业整体利益最大化为标准。

（5）内模市场化管理是企业信息化管理的进一步深化，企业在实行内模市场化过程中建立的信息交流平台，能够准确通畅地传递信息，增加信息透明度，避免信息传递过程中的失真与扭曲，从而提高决策的正确率，从整体上提高企业的经营效率，使企业精益化管理得到进一步的创新和深化。

2. 内模市场交易主体

内模市场交易主体的构建是内模市场化实施的重要一环。作为内模市场交易主体必须具有相对独立的经济利益，其绩效必须是可核算、可衡量的。在理论上，企业内模市场交易主体应该是具有"自组织"特性的经营单位或决策模块，随着组织规模的不断扩大，市场机制的概念进一步深化到企业的每一个角落，在组织内部，细分出更小的二级市场甚至三级市场，使企业内部大到战略事业单位，小到班组或个人都可以成为内模市场交易主体，具体到不同类型的内模市场，内模交易主体可以是制造企业内部的一道工序，可以是服务企业的一个服务部门，也可以是创新企业的研发部门。交易主体的划分是各部门与单位绩效的可核算性与可衡量性，即交易主体是内模市场化管理模式有效运作的最小实体单元，科学合理地把交易主体划分到位是内模市场化管理模式取得成功的首要基础。

3. 内模市场的优势和特点

内模市场在电力公司内部按照市场原则设计了交易主体，并按市场机制细分交易要素，按市场规律核定价格标准，按市场规则确认价值贡献，按市场运行要求调整预算管理，按市场方式开展绩效考核，充分发挥市场对供求、价格、竞争等的调节机制，构建以价值和市场为核心的内模市场体系，促进各交易主体优化资源配置、改善经营活动、积极参与竞争、提高投入产出。电力公司将所属各发供电单位、支撑保障单位、市场化单位全部纳入内模市场，按不同类型单位的市场化特性设计运行机制，通过市场定价、有偿服务、业绩考核及有效激励，发挥市场功能，引导各单位优化资源配置、提升运作效率。

内模市场化管理模式具有以下特点：

（1）企业由大量的内部企业构成，这个内部企业可以是一个战略事业单位 SBU、自主经营体乃至个人。每一个内部企业相当于一个"利润中心"或者"成本中心"，拥有相对独立的经营权。

（2）内部企业之间是交易关系和战略同盟关系。

（3）内部企业经营业绩、管理水平和收益挂钩。

由此可以得知，这种管理模式运行的核心是各内部企业根据交易机制和规则在内部市场和外部市场的博弈和决策，在实现内部企业自身利益最大化的同时实现企业整体经营管理目标。

4. 建设内模市场的必要性

（1）建设内部模拟市场是提升经营效益的必然需要。目前，电网企业内部管理靠行政命令干预得多，生产经营或多或少存在压力传递不均、内部梗塞，一些二级单位自我求生存、求发展的意识比较淡薄，加之责权利统一不够，造成管理中制约不严、生产成本浪费的现象，建立内部模拟市场，运用经济杠杆和企业法规来调整规范实体单位的经济往来关系，用价格结算的方式解决用人多少和各个生产环节的各种矛盾，内部资源会通过价格引导而合理流动，新的利益分配机制会驱使二级单位按生产需要和利润最大化原则优化劳动组织，从而最大限度地挖掘人、财、物的潜力。

（2）建设内模市场是与社会大市场接轨的客观要求。社会主义市场经济决定了国有企业也必须主动参与市场竞争，如果不靠内部管理和提质增效来使产品与服务质优价廉，国有企业也会在市场中逐步失去竞争力，进而难以生存。电网企业面对售电市场开放提速、竞争格局日趋严峻的新形势，当前最有效的办法是引入市场机制，通过内部市场交易方式，公开透明地向被考核单位反馈经营创效结果、促进二级单位由价值约束向价值创造转变、由被动管理向主动管理转变，实现业务目标和价值目标"双驱动"，进一步优化电网企业内部管理流程，提升电网企业运行效率，聚焦价值创造、做优存量、做强增量，为企业发展注入新的动力。

（3）建设内模市场是增强全员经营意识的最佳选择。通过引入市场机制来独立核算二级单位经营成效和价值贡献，个人收入与企业经营成果及劳动成果挂钩，可以直接扭转目前各级单位经营观念仅仅停留在财务部门的现状，使企业经营压力层层传导到经营末端，将经营意识深入贯彻到基层每个员工。通过建立内模市场配套实施机制，对所有单位都进行投入产出考量，有序衔接输电、配电成本监审要求，坚决核减低效、无效支出，加强内部管理来堵塞漏洞和降低生产成本，留出的成本空间用于市场开拓、辅助服务等新增效益业务，将价值观念植入到各级单位、部门、班组和员工。

5. 国网江苏省电力有限公司内模市场化管理实践

在面对新形势、新任务下，国网江苏省电力有限公司主动适应经济发展新常态，全面推行政治责任、经济责任、社会责任，根据十九大报告关于实现"两个一百年"奋斗目标的战略安排，和国家电网公司如今"在全面建成'一强三优'（即建设电网坚强、资产优良、服务优质、业绩优秀）现代公司的基础上，建设具有卓越全球竞争力的世界一流能源互联网企业"的战略目标，国网江苏省电力有限公司契合国家深化国有企业改革的指导精神，企面贯彻国家电网的决策部署，为解决国网江苏省电力有限公司内部各经营主体价值意识薄弱、经营活力不足等问题和矛盾，在现有组织制度框架内，自 2018 年开始将市场交易机制引入企业内部经营，对电网企业的经营模式创新进行了有益探索。

（1）"构建体系、逐级推进"的实施步骤。2018 年 2 月，开始探索新的经营模式，提出"经营电网"理念，以价值创造为导向，聚焦经营、强化协同、覆盖全员，细化经营管理，推动全员、全资产、全业务价值创造，国网泰州供电公司在姜堰区淤溪供电所试点引入农电台区管理权竞拍机制，以有效解决工作量分配问题。

2018 年 11 月，通过构建内模市场化管理决议并推动实施，将市场经济原理与经营电网实践有机融合，转变经营管理模式，按全单位覆盖、全价值分解、全市场运作、全过程考核的原则，在公司内部构建内模市场，按市场方式设计交易要素、确定价值评价标准、引导资源配置、考核效益贡献，将各单位由成本中心转变为利润中心，全收入、全成本、全利润反映投入产出。

2019年，进一步提升经营和价值创造能力，纵深推进内模市场运行机制。组织各供电单位构建市县两级单位内模市场。地市公司在秉承国网江苏省电力有限公司内模市场建设思路的基础上，提出对于可明确量化价值贡献及增收节支效果的支撑主体，运用增量效益法衡量其对公司的整体价值贡献，激励各交易主体主动找市场、增电量、降成本、提效率。2019年9月，沈高供电所依据"三量三价"理论采用荷兰式拍卖模式开展台区管理权竞拍工作，取得了良好效果。

2020年，在全面总结前期经验的基础上，持续深化完善内模市场建设：一是从制度上规范业务操作和职责，形成运转高效的工作机制和管理流程，公司内模市场体系更加健全；二是优化一级内模市场建设，结合业务实际，对部分单位的内部业务、价格及效益测算体系进行重新梳理设计，省级内模市场运行更加高效；三是积极探索研究内模市场在供电所和班组落地，全面增强公司系统市场竞争和服务意识；四是完善"效益为先"的绩效考核激励机制，准确评价市、县、所各级单位和各主体价值贡献，强化差异化考核，实现考核全面覆盖、一贯到底、促进各级单位和各主体大力开拓市场、增收节支、提质增效。

（2）内部市场层级。国网江苏省电力有限公司系统梳理了电网企业发电、输电、配电、送电、科研、教培等核心业务的业务链、价值链和责任链，按照组织架构和交易层级，构建了全范围覆盖、全业务贯穿的三级内模市场架构。

一级市场由市级公司和同级支撑单位组成。该级市场设立内模市场管理办公室和专业市场管理中心。内模市场管理办公室由公司本部财务部、人力资源部组成，主要负责内模市场价格管理，目标管理、内部交易模拟结算、信息化管理及业绩考核等，落实内模市场决策层布置任务，协调专业市场管理中心工作。

二级市场由县级供电分公司和同级支撑单位、管理主体组成，该级市场管理由市级单位财务部、人力资源部负责，在财务核算、电力营销、物资采购、人力资源配置上发挥管理职能，起到承上启下作用。

三级市场由供电所、支撑单位等基层单位组成，该级市场管理工作由各县级单位财务部、人力资源部负责，管理县级公司各部门、供电所和班组，通过行使管理职能和维护交易秩序，落实上级布置的各项工作任务和经营目标。在明确三级内模市场架构的基础上，国网江苏省电力有限公司采用嵌入式方式，将内模市场必备的标准制度管理、目标管理、信息化管理、评价考核等职责融入其中，逐级落实管理职能，开展市场化运作，打通从本部到基层、从财务到业务的提质增效压力传导通道，实现经营业务覆盖到底、经营责任延伸到边，让公司经营目标通过市场交易体系逐级传递到市、县公司和每个班组，让人人身处市场、参与市场，发挥主观能动性，通过提升个人投入产出水平提升公司整体经营业绩。

（3）考核方式。内模市场化管理考核按照季度考核与年度考核相结合的方式进行，对供电单位、业务支撑单位、市场化单位分类设置考核体系，建立月度跟踪监控、季度考核分析、年度清算模式，其考核评价体系包括如下特点：

1）突出指标量化考核，加大对效益指标的考核权重。在考核中，强调对量化指标的考核，依据各项效益指标的超目标完成值，直接计算出挂钩兑现工资，减少了考评过程中人为因素的影响。同时，在国家电网考核体系的基础上，加大了对各单位经营效益指标的考核权重，绩效考核指标中加入模拟利润的考核指标，且赋予较大权重，突出了"效益为先"的考核理念。

2）按照"结果为主，兼顾过程"的原则，增设对各单位季度内部市场考核。季度考核中不仅考核价值结果（售电量、模拟利润、营业收入、线损率、成本费用等），同时，还考核价值结果形成的业务过程（电网建设任务完成率、电网系统可靠率、综合电压合格率等），确保业务实施与价值创造目标统一。

3）建立月度跟踪监控、季度考核分析、年度清算闭环管理，按月发布指标执行情况跟踪看板、定期召开业绩考核分析改进会议、年度按照考核结果竞争兑现并分级，通过全过程的分析、管控，确保各项指标执行可控、能控、在控。

（4）实践效果。

1）在经营体制方面。在企业内部树立了市场化运作观念。真正把市场机制引入企业内部管理，把市场化和货币化规则作为处理各种买卖、服务、契约关系的基本准则，构建了一个较为完整的企业内模市场，形成企业内的客户关系链，体现了社会化大生产中企业内部各流程之间相互协作、相互制约的关系，逐步建立起企业内各经营体之间遵循市场规则的经营运作机制。

2）在资源管理方面。树立了资源优化配置和有效利用的观念。企业内部资源采用货币形态进行细化、量化，在按照市场原则实现合理配置后，放权、授权给内部业务单元经营，通过经济杠杆作用，实现资产的有效利用和保值增值，逐步建立和完善各类业务单元的评估考核机制。

3）在成本控制方面。树立了成本领先的观念。内模市场化的实施打破了传统的以职能部门为核算基础的成本管理方式，通过自我加压，设定企业中长期生存性和选取性降本目标，逐步建立把企业资源最大限度细化到业务单元的成本核算机制，从而使产品成本控制最优化，把成本下降的空间扩大到企业运营的每个环节和企业管理跨度的每个层次，进一步提高业务单元的运作效率和整个企业经营利润及经营效益。

4）在分配激励方面。树立了收入与绩效挂钩、坚持效率优先的观念。建立健全劳动、资本、技术、管理等生产要素按贡献参与分配的制度，做到要素参与分配到位，逐步建立"经营者"收入与经营绩效直接挂钩的分配激励机制。

5）在经营活力方面。树立了以人为本，全员参与的观念。打破了传统体制下企业员工只是生产者或被管理者的认识，通过实行经营单位到人，使每个员工都拥有对经营体资源的使用权和受益权，成为真正意义上的企业主人，经营活力大大提升。

4.3 心理学之理论支撑

4.3.1 博弈论与拍卖应用

博弈论又称对策论或竞赛论，其实质是一种使用严谨数学模型来解决现实中利害冲突的方法论。由于冲突、合作、竞争等行为是现实中常见的现象，因此很多领域都能应用博弈论，如军事领域、经济领域、政治外交等解决诸如战术攻防、国际纠纷、定价定产、兼并收购、投标拍卖、工程管理、文化娱乐甚至动物进化等。

博弈论按参与者之间是否存在互相协作，可将博弈问题分为非协作博弈和协作博弈两大类；按参与者获利之和的特性，可划分为零和博弈和非零和博弈；按静态和动态的观点，可分为静态博弈和动态博弈。

不管博弈各方是合作、竞争、威胁还是暂时让步，博弈论模型的求解目标都是使自身最终的利益最大化，这种"解"建立在对方也采取各自"最好策略"的基础上，各方最终达到一个力量均衡，也就是说，谁也无法通过偏离均衡点而获得更多的利益，这就是博弈论求解的本质思想。

博弈论在拍卖中应用广泛，有以下常见的四种拍卖方式。

第一种是价格不断升高，"价高者得"的英式拍卖。如我们看到的佳士得拍卖艺术品，你出五百万，我出七百万，水涨船高，最后无人应答，拍卖师一锤定音，由出价最高的人获得。这就叫英式拍卖，也是最常见的拍卖方式。

第二种是反过来，价格不断降低，"最先出价者得"，这叫做荷式拍卖。这种拍卖方式据说在荷兰出现。荷兰是鲜花之国，每天有大量的鲜花出售。如一大捆玫瑰花，从一个很高的价格开始拍，大家都觉得太高，就等等看。每隔几分钟，价格就往下调一档，随着价格不断往下降，就逐渐趋近每个人的心理价位了。但大家还在犹豫，要不要出价。只要你出价就能获得这个标的，但如果你不出价，价格就可能继续往下走，过一会你就可以用更低的价格获得这个标的。

但你必须冒一定的风险，如果你不出价，其他人出价了，可能就把东西拍走了。荷兰的鲜花市场，现在仍然是以这种方式拍卖，这种拍卖形式一样惊心动魄。

第三种叫"密封价格"拍卖。具体而言，多个竞标人分别写下自己的报价，装在信封里，交给拍卖者。拍卖者收集信封以后，打开比较，价高者得，或者价低者得。这种拍卖方式经常被用于项目招标。因为它直截了当、节省时间，每个人只出价一次，没有第二次机会。

当然，这种密封价格拍卖存在一定的漏洞，如果竞标者相互认识，相互勾结，就可能串通了一起报一个极低价。但竞标者之间的关系很复杂，往往也靠不住，即使相互勾结，最终也未必信守诺言。

最后一种拍卖方式，叫做"二阶密封价格"拍卖。它的形式与前面的"密封价格"拍卖很像，每个竞标人分别写下自己的报价，装在信封里，交给拍卖人。结果仍然是报价最高者得，但他只需要支付报价第二高者所报的价格就可以。

例如，你要买一幅画，你的估价是200万元。但你是否写上200万元呢？你马上会想到，旁边的人也盯着这幅画，他可能乱写个价格，如500万元。他写500万元，这个数字高得有些离谱，但这样可把这幅画买到手。他最终只需要支付第二高的价格，也就是200万元，仍然是一个合理的价格。

那么，你是否要惩罚他，如果你写上1000万元，这样足够压倒他的500万元，把这幅画抢到手。但最终你必须支付次高价格也就是500万元，而你对这幅画的估价只有200万元，你会净亏损300万元。所以，你必须权衡，既要争取到这个标的，又不应该让它高于你的估价，否则你就应该放弃这个标的。这就是"二阶密封价格"拍卖的精髓。

通过拍卖机制在信息不对称或分配不对称情况下解决最有效配置资源问题，使得拍卖竞标模式在各领域都有广泛的研究和应用，如社会保险、信用市场、工资制度、租税制度、政治机构等。

"第一区域，黄村1–11号台变、梁徐东片共22个台区……请全体台区经理充分考虑，合理进行竞拍"。"0.6元、0.58元、0.56元……"当其中一名台区经理给出 0.52 元的价格时，拍卖官经过三次问，敲下了拍卖槌，成交了。竞拍成功者当场与供电所签订《台区管理责任协议书》。

以上为国网江苏省电力有限公司一供电所将辖区内空缺台区管理权进行公开竞拍（见图 4-15），由最低价或综合合理价中标。在现场，多名台区经理手拿标牌，踊跃竞价，通过该荷兰式拍卖争夺台区的管理权。荷兰式拍卖就是一个卖家和一群买家不断出价互相博弈的过程，是一场卖家与买家的心理暗战，你争我夺、你守我攻。博弈过程持续整个拍卖过程，直到结束，如果所有人第一时间全部冲进去，必然会把成本抬得很高，但如果进去得晚，又有可能买不到，整个投注过程会非常微妙。

图 4-15 供电所台区管理权竞拍现场

4.3.2 激励的作用

在分析市场运行时，市场各方的心理因素至关重要。如饮料涨价时，工厂采取措施提高产量；汽油税提高，更多的人选择公共交通工具而非自己开车。同理，员工的劳动付出与心理活动（如激励，激励是引起一个人做出某种行为的因素，诸如惩罚或者奖励的预期）息息相关，当辛勤工作得不到任何回报时，最可能的决策是减少劳动付出。绩效收入同时能对员工能力产生影响，进而影响公司生产水平，合理的绩效收入会促使员工努力学习知识，提高技能。以下内容重点从心理学（含激励的作用、群体效应等）的角度为读者展示、求证"心理学因素是国网江苏省电力有限公司台区绩效管理改革的主观原因"这一课题。

所谓激励，就是不断刺激人的动机与动力，促使人奋发向上，让其心理一直维持在积极状态，激励人们为追逐目标的实现而尽力行动的心理经过。激励的基点是为实现组织目标与各类需要，激励贯彻员工工作全程，其最终目标为达成个人及公司目标的统一，其过程为，需要—动机—设定目标—目标实现—需要满足。

激励对于组织管理者来说，既是一门科学，又是一门艺术。一个人可能同时会有许多需要和动机，但最终的行为是由最强烈的动机引发和决定的，因此要使员工产生企业所期望的行为，可经过调研掌握员工需要，再根据员工需要设定目标，并以目标为导向使员工产生有助于公司目标的动机且遵照组织所需的形式活动，这就是激励的实质。

1. 激励理论

激励理论主要包括期望理论、公平理论、三种需要理论、激励模式、ERG（existence relatedness growth）理论及全面薪酬理论。

（1）期望理论。美国心理学家维克托·弗鲁姆于 1964 年在《工作与激励》一书中提出期望理论，即期望概率模式理论，他认为人们从事工作的积极性取决于成果对自身需要的满足程度，以及实现目标的可能性，即激励力 = 效价 × 期望率。有效激励的方式是通过给予员工相应的回报来体现的，员工的回报也必须与付出程度相符合。期望理论的假设是管理者知道什么对员工最有吸引力，员工判断依据是员工个人的直觉，而与实际情况不相关。

（2）公平理论。公平理论认为，一个人的工作动机不仅受到与其自身获得和付出额的影响，而且受到与其他人获得和付出额比较的影响。该理论更加关注报酬的合理性、公平性对个体积极性的影响。该理论的核心为，是否受到公平对待是影响人们行为倾向及对激励态度的一个重要社会因素，在对员工的激励过程中应给予高度重视，公平合理的缺失将会挫伤员工的工作积极性。

（3）三种需要理论。美国心理学家根据人们想要得到的结果的类别对需求进行分类，包括成就需要、情感需要和权力需要。成就需求指人们喜欢承担具有一定风险的工作、并希望迅速知道自己的绩效情况；情感需求指人们愿意与别人建立亲密关系，并从别人那里寻求关怀和友谊；权力需求是影响或控制他人且不受他人控制的需要。

（4）激励模式。该理论指出了组织要想提高激励水平，需要提高外在和内在奖励报酬的吸引力，增加员工的满足感、提高员工的期望值、增强员工的公平感。

（5）ERG 理论。奥尔德弗在马斯洛需求层次理论基础上对人们的需求进行了调整，将其概括为生存需求、关系需求和成长需求三大类，称为ERG 理论，该理论提出，就算在同一个时间人们的需求层次也是不一致的，同时对一个需求越是不满足就会越追求，如果在追求过程中未得到满足，就会追求下一层次的需求。

（6）全面薪酬理论。全面薪酬作为现代人力资源管理中的一种先进理念，已被许多著名组织广为实践。该定义突破了传统货币薪酬和福利的范围，强调非物质激励在整体薪酬中不可替代的作用，强调员工在雇佣关系中的感知，为实践中对组织员工的激励提供了理论指导。

综上所述，激励机制是在一定理论指导下，有针对性地运用激励方式启迪参与者的心智、潜能的工作系统。科学的激励机制能够极大地调动活动参与者的积极性，从而使管理活动获得良好的效益。对于现代企业来说，能否成功地构建和实施激励机制，发挥员工的积极性和创造性，直接决定其未来的市场竞争地位。哈佛大学的詹姆斯教授在对激励问题进行了深入研究后提出：如果没有激励，一个人的能力仅能发挥 20%～30%；如果加以激励，则可发挥到 80%～90%。由此可见，激励对企业员工能力的发挥有很大的促进作用。通过实施有效的激励机制，可以保证企业的高效运作，优化企业的人力资源，激发企业的创造力和创新能力。公平合理的激励机制，可以唤醒员工工作热情，激发员工自身潜能，这对于提高企业竞争力具有深远的意义。

2. 非物质激励

非物质激励是相对于物质激励而言的，即企业以货币之外的方法如关怀、信任、愿景、晋升、职位发展机会等提高员工工作积极性，激发员工工作热情，影响或改变员工的工作行为与工作绩效，从而提升组织的核心竞争力的行为。人的需求是多元化的，根据目前的文献来看，非物质激励模式的内容也是多元化的，因此对非物质激励展开高效的分析与梳理有很大价值。尽管物质报酬始终是员工最基本的需求之一，但非物质激励在激发员工工作热情、提高工作绩效、加强员工忠诚度等重要方面有着不可替代的作用。

因非物质激励基本是对人的精神激励，公司在开展非物质激励的过程中不需要投注大规模资金，因而非物质激励所需成本小。相较于物质激励，非物质激励限制性小，适合运用的范畴更广，可以公开地对所有员工给予激励，且物质激励在一些情况下仅能发挥短期作用，而非物质激励能够成为长期发挥作用的力量。另外，非物质激励还可以充分激发员工的工作热情，有助于调动员工实现最高绩效且促进个人成长。

非物质激励的作用：

（1）对非物质需要的满足。人的需要具有多样性和层次性，激励以需要为基础，需要的多样性自然导致激励形式的多样性。员工存在大量的非物质需要，要求实施大量的非物质激励才能产生有效的激励效果。不同层级、岗位、年龄的员工，需求满足的内容是不同的；同一员工，在职业生涯的不同阶段，需求的内容也会有所不同；不同性格的员工，激励方式的不同，所生产的激励结果也有差别。因此，统筹考虑员工的能力素质、工作履历、职业发展、生活需求等，实施多样化、个性化的非物质激励，有助于形成全方位激励体系，有效提升员工工作热情、激发工作动力，有助于增强员工的荣誉感、成就感和归属感，增强企业向心力和凝聚力。

（2）对物质激励的补充。单纯的物质激励往往不能充分满足员工的需求，不能有效调动员工的积极性，而且员工会产生抗激励性和激励依赖性以致人力成本无限增加，边际效益递减。非物质激励对物质激励中的变动报酬强度具有一定的替代作用，如果非物质激励措施得到良好设计，并将目标锁定在组织的关键成果和行为上，那么在同等激励成本下，使用该方式激励员工的费用要比物质奖励少1～5倍。运用非物质激励在一定程度上可以节约激励的变动报酬成本，并且达到最优激励的目的。

（3）对企业管理的积极影响。非物质激励的作用具体可以表现为吸引和留住员工、促进员工提高工作绩效、全面提升员工的积极性和主动性。非物质激励还能帮助企业快速地将员工绩效重点重新定位到关键业务目标，能适应企业新业务的发展需要。

3. 激励体系的构建与实施

基于泰州供电公司企业现状，采取"分步实施、分项开展、循序渐进"的策略，分三年健全完善"环境层—关系层—成长层"等多项非物质激励举措（见图4-16），实现各项激励方式的相辅相成、相互作用，打造泰州供电公司"同心泰电"非物质激励典型样板，实现企业与员工的共同发展。各项举措如下。

举措一：完善"雏雁护航"培养机制（成长层—培训激励），围绕青年人才成长发展及队伍建设，需要抓好新员工的有效激励。建立选调生培养机制，从入职一年的新进员工中选拔优秀人才，科学规划培养路径、量身制订培养方案、丰富领导人员"全过程"培养体系内涵；按照"人人有计划、个个配导师、年年有提升"的工作要求，深化"321"培养体系。

举措二：实施"青年人才托举工程"（关系层—认可激励、成长层—培训激励、成长层—工作激励）。从2022年起，每年托举支持12名青年人才，其中科技类3名、能手类9名，给予项目、团队、资金支持，以专项培训、配备导师、内外联动、搭建平台四项举措加强培养锻炼，充分挖掘发展潜力、增强成才动力、提升创新能力。

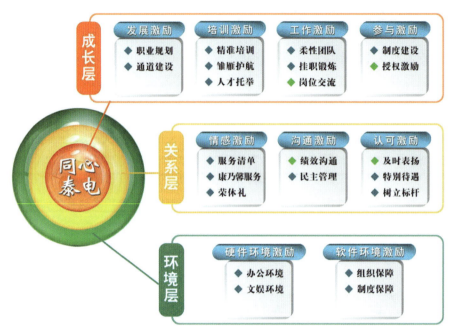

图 4-16　非物质激励举措关系图

举措三：打造"心、站、点"三级职工活动阵地（环境层—文娱环境），在活动中心高质量扩建比赛场馆，对羽毛球、网球、篮球等比赛场地进行改造；在职工文化站配送健身器材、棋牌桌等物品，鼓励分工会举办小型多样文体活动；在职工文体点配送书籍和小型健身器材，满足职工日常文体活动需求。订制服务职工"幸福计划"年度清单（关系层—情感激励），依托现场调研和发放"5980"职工服务需求卡，征集职工需求，制定年度计划清单，逐项完成。构建"双路径、三保障"职工民主管理体系（成长层—参与激励），畅通"职工代表参与"和"职工自主参与"路径，完善职代会、厂务公开、合理化建议等民主管理制度。

举措四：加强多岗交流历练（成长层—工作激励），统筹各年龄段、各专业类别、市县公司之间干部使用，提供施展才华的机会，给予"重担压身"的锻炼，不断激发潜力、增强动力、提高能力、凝聚合力。加强职业发展通道互联互通（成长层—发展激励），开展新一轮专家聘任工作，打破技能类员工职业发展"天花板"，加强职员、职务双向流动，促进职业发展通道横向贯通。

举措五：建立员工成长档案（关系层—沟通激励），制定员工业绩积分模型和评分标准，构建技能、性格等多维能力模型，定期分析复盘，实现员工成长状况智能化分析和提醒，帮助员工认清自身的长短板、实现自我提升，支撑部门需求和公司决策，提高人才选育的科学性和精准性。

举措六：强化"树立标杆"系列宣传（关系层—认可激励），持续"出彩泰电人"输出，深入挖掘优秀员工，宣扬先进事迹；坚持"××我在岗，××保供电"宣传，拍摄节假日、恶劣天气等特殊时期坚守岗位保供电组图，多渠道、多形式进行展示和宣传，增强员工职业感。

举措七：推进"一岗多级"体系建设（成长层—发展激励），打破岗位薪酬"天花板"，进一步拓展岗位岗级发展空间，鼓励员工立足岗位，提高能力、积累绩效，在自己单独的职业发展跑道上奋勇向前。

举措八：加强柔性团队建设（成长层—工作设置激励），依托公司创新团队、劳模工作室、技艺传承平台，组建技术攻关柔性团队，明确目标，强化激励。推进"体验＋兴趣"快乐计划（关系层—情感激励），依托女职工周末优雅课堂、手工俱乐部、亲子培训班等活动，增设"体验"类课程，优化文体康乐培训班，按需调整培训内容。

举措九：实施"订单式"慰问品采购（关系层—情感激励），全面落实职工慰问"三必贺、三必访"，根据职工需求拓宽慰问品可选范围。建立"特别待遇"清单（关系层—认可激励）。对获得技术能手、国家电网劳模等高级别荣誉的员工，落实体检、疗养、培训等待遇升级，增强员工荣誉感。

举措十：深化"同心泰电"激励品牌，通过经验分享会，展示和深化非物质激励成果，展示和深化非物质激励成果。把握三个实践原则：突出以人为本，企我同心，构建正向激励发展基石；强化聚合效应，优化配置，促进激励方式优势叠加；注重统筹协调，党政工团形成左右联动良好格局。

举措十一：丰富"及时表扬"展现形式（关系层—认可激励），采用公司统推与部门自治相结合的方式，制定公司层面共性和部门层面个性"表扬目录"，物质、精神激励双管齐下，让被表扬者"面子"美、"里子"实。

举措十二：开展完善合理的绩效考核机制（成长层—参与激励），组织员工参与制定自己的绩效考核目标，从工作态度、工作能力、工作质量及工作效率等多维度进行考核，增加员工对绩效考核的接受度，更好地发挥绩效考核激励和引导作用。

举措十三：推进减压舒心计划（关系层—情感激励），改善文体活动场地硬件条件，高标准配备工间茶吧和减压吧，将关心关爱落到实处。强化班组典型选树（关系层—认可激励），组织班组积极参加上级"工人先锋号""文明班组""巾帼文明岗"等荣誉评选，开展"虎将"优秀班组长评选活动，加大对优秀班组和班员的宣传力度，激发一线员工干事创业动力。

以沈高供电所为例，物质与非物质激励的情况如下：

（1）绩效薪金提升。沈高供电所进行台区管理权竞拍后，29个增量台区、43个余量台区和29个存量台区分别由7名台区经理竞拍到。7个台区经理每月绩效奖励均有所增幅，真正意义上实现了薪酬与绩效强挂钩，人力资源得到有效配置，在人员配置率明显偏低、工作量有增无减的情况下，通过自愿认领的方式，自然解决了工作量分配的问题。从而在一定程度上节约了公司的人力成本，提高了公司管理效率，从根本上达到了企业与员工"双赢"的效果。

（2）建立职工温馨文化小院。河横村的农家书屋被国家新闻出版广播电影电视总局授予"全国示范农家书屋"荣誉称号，沈高供电所以此建立供电所小书屋，命名为"河横书屋"，如图4-17所示。用来激励大家多读书，多阅读，提升文化素质。墙上还设置河横书屋的管理看板，有自己的学习方案、学习心得，以及推荐的一些书目，便于员工之间交流学习，一起进步。

另设立所内的健身房，如图4-18所示。健身房内有跑步机、动感单车、乒乓球室等健身场所和器材，员工可以在闲暇之余来这里健身，得到身体上的放松，做到劳逸结合。

图 4-17 河横书屋

图 4-18 所内的健身房

（3）优先推荐岗位晋升、评优评先。竞拍的台区经理承担了更多的工作任务，在年终对员工绩效进行量化评价时有着一定优势，绩效排名列前茅。在后续岗位晋升时，有两名台区经理优先聘任为班长，一名聘为所内安全员。同时，在评优评先上也被优先推荐，两名台区经理先后被评为公司先进生产工作者，一名台区经理推荐为培训师。

151

4.3.3　群体效应

群体效应（quorum sensing）是指个体形成群体之后，通过群体对个体约束和指导，群体中个体之间的作用，就会使群体中的一群人在心理和行为上发生一系列的变化。

1. 群体

群体是相对于个体而言的，指为了达到共同的目标，由许多同类人组成的整体，以一定的方式联系在一起进行活动的人群。群体可以是某一家庭群体，也可以是某一基于兴趣的群体，还可以是某一同业群体。在这个有机整体中，群体成员往往拥有共同的目标，并相互合作，使群体爆发出超出单个个体之和的能量。可见，群体有其自身的特点：成员有共同的目标；成员对群体有认同感和归属感；群体内有结构，有共同的价值观等。

群体的价值和力量在于其成员思想和行为上的一致性，而这种一致性取决于群体规范的特殊性和标准化的程度。群体规范具有维持群体、评价和导向成员思想和行为及限制成员思想和行为的功能。群体规范对个体行为的制约表现为服从和从众。群体规范通过内化—外化的机制影响个体思想和行为的变化，是管理上通过建立和维持良好的群体规范培养个体好思想、好品德的心理依据。

2. 群体效应的作用

群体效应一个工作群体，既可以产生 1+1=3 的工作成效，也可以产生 1+1=1 的工作成效。群体的工作成效如何，与群体成员的工作行为有直接的关系。与此同时，群体对个体的行为也会产生制约、影响和改变。群体对个体的影响和改变作用概括起来有社会助长效应、社会致弱效应、社会惰化效应。

（1）社会助长效应。社会助长效应指群体对成员有促进、提高效率的效应。群体活动中个体的行为是在一定的群体氛围中进行，个体一旦意识到这种行为涉及群体的评价、监督和鼓励等因素，在竞争意识和成就需要的激发下，个体会调动自身的热情度、积极性和聪明才智，尽力完成任务，希望得到群体的肯定、赞扬和尊重。

（2）社会致弱效应。群体对个体的行为能带来积极的效应的同时，也会带来消极的效应，也就是社会致弱效应。社会致弱应是群体成员受到群体压力的影响妨碍自身能力的发挥，降低工作效率。一般来说，当竞争氛围强烈、压力太大、工作难度过高时，社会致弱效应会较为明显。

（3）社会惰化效应。社会惰化效应是指个体在群体中的工作成果不如单独一个人工作时那么好的一种倾向，如"三个和尚没水喝"的故事说明在人多的情况下，成员会出现相互扯皮的现象，也就是前面所说的1+1=1的现象。在实际工作中，群体对个体产生这种社会惰化效应的原因主要有：

1）制度公平的原因。"大锅饭"式的管理最容易对组织成员产生社会惰化效应，成员在这种制度下付出多少都不会影响自己收入比别人多或少，而且又总认为别人是懒惰的、不尽责的，因此就会减少自己的努力，以免别人占太多的便宜，所以就出现"三个和尚没水喝"的后果。

2）职责不清的原因。当组织中的分工不明确、职责不清时，最容易出现扯皮现象。因为职责不清会导致群体活动的产出与个体的投入之间关系不明的结果，即个体意识到自己的贡献未被衡量，没有成就感，个体也会降低个人的努力程度。一个企业管理者要避免群体对个体产生这种效应，就必须将工作的内容明朗化、合理化，并且制定出公平、公正、公开的绩效评估制度。

20世纪20年代末，德国心理家瑞格尔曼在拔河比赛实验中证明：3个人群体的拉力只是1个人拉力的2.5倍，8个人群体的拉力还不到1个人拉力的4倍，验证了社会惰化效应对群体的影响。

3. 群体效应的实现

在一个企业组织中，人的个性冲突是客观存在的，如何利用这种冲突使之体现群体效应，为实现企业目标服务，这就是用人的艺术。

首先，在企业各级领导班子成员配备中做到个性互补。个性没有好坏之分，只要把不同个性的人用得恰到好处，就能扬长避短，形成合力。例如，一个领导班子中，需要有有主见、反应快、敢决断的人，但这样的人往往个性较急躁；也需要善谋划、敢争论、较沉静的人，但这样的人往往又灵活不足，动作迟缓；还需要有灵活、善外交的人，但这样的人往往又有些轻浮。不同个性的人同处一个班组，使得个性中的积极一面可以"各尽所能"，个性中的消极一面则"相互抵消"，形成的合力就是 1+1 > 2。不难设想，假如一个班组中全是由个性相同的人组成，其结果就可能是，急躁、主观的人整天吵闹不休，动作迟缓的人总是做不出决断，过于活泼的人却总沉静不下来，这样的企业能搞好吗？可见，个性差异正是班组成员科学配备所需要的。

其次，各个岗位也要因材施用。优势互补不仅适用于领导班子成员配备，而且也适用于生产班组、科室人员的配置和组合。在了解每个人的个性特点的基础上，在有条件的情况下，尽可能做到人尽其才，即用其所长，避其所短。例如，供电所班组中文章写得好的宜安排做宣传工作或秘书；反应快、口才好的宜安排当办事员；性情文静、逻辑清晰的宜当业务员；如果供电所所长性情刚直，做事果断，则宜配一个性情柔一些的、处事较冷静的供电所副所长，使之刚柔相济。

最后，企业是社会的一个细胞。每个人都生活在集体里，谁也不能脱离集体而单独生活。在一个企业里，人与人之间或个人与群体之间的活动、交往、情绪相互影响，将极大地影响着个人的行为乃至企业的生产经营。所以，企业领导者要善于把员工个人的需求与企业目标统一起来，鼓励员工在实现企业目标中实现自我。

一般来说，人都有从众心理，只是有强弱之分而已。在一个企业里，如果员工的价值取向是趋于一致的，将有助于充分调动员工的工作积极性和创造性，达到实现自我价值与企业目标的一致性。

在沈高供电所台区竞拍过程中，群体效应的作用较为明显，主要表现为以下几个特点：

（1）从众效应。指个体受到群体的影响而怀疑、改变自己的观点、判断和行为等，以和他人保持一致的现象。很多人都熟悉这种心理现象，它总会变着花样出现在生活中，在拍卖中也不例外。当有人竞相出价时，其他人可能会觉得这个物品很抢手、有价值而产生从众心理，跟着参与竞拍。

台区竞拍中，多人参加竞拍，一开始没参与竞拍的人可能认为所拍台区好管理，能够带来较大的收益，于是也跟着继续参与竞拍。

（2）竞争心理。拍卖场上的竞价，是与多人的竞争，比拼个人财力和心理。竞买人很容易受到其他竞买人存在和竞拍的影响，从而产生一种不服输、想获取拍品的竞争心理。当拍卖品只剩下最后两个竞买人角逐最后的胜利时，很多竞买人会因为不想认输花出超过心理价格的钱来获得拍卖品，而最后的成交价格远超拍卖品的实际价值。

台区竞拍中，参与竞拍的都是平常较为熟悉的同事，彼此之间会认为竞拍到台区是自己管理能力和水平的一种展现，同时台区管理权的获得会带来一定的收益，从而每人都会产生一种不服输、想成功竞拍的竞争心理。在这样的心理驱动下，最终台区管理权会在合理的低价被成功竞拍。

（3）路径依赖。简单地说，类似于物理学中的惯性，即一旦进入某一路径（无论是好还是坏）就可能对这种路径产生依赖。心理学认为，在许多场合下，由于人的动机是复杂的，人常常面临各种不同目标的比较、权衡和选择，人们总愿意把自己调整成前后一贯、首尾一致的形象，为了维护印象的一贯性，人们会按照自己最初的方式继续下去。竞买人在拍卖活动中也会有这样的情况存在。

在台区竞拍中，当竞拍人看中某个台区，想最终获得管理权时，会在拍卖前调研并收集大量关于它的信息，你就会对它产生更多的喜爱之情，如果拍不下它，就会恋恋不舍，从而不断降低价格，而这很可能突破你给自己设置的底价。

另外，国网泰州供电公司开展了丰富多彩的活动，利用群体效应实现个人价值与公司价值的高度统一，主要表现在以下几个方面：

（1）"爱在泰电"幸福计划。公司成立 16 个文体俱乐部，建立公司领导挂钩俱乐部联系点机制，打造"一俱乐部一品牌"，提升员工精神面貌；连续十余年举办文体康乐培训班，开设瑜伽、羽毛球、游泳、书法、绘画等培训，开展"最是书香"职工书市、"易书集米"等活动，满足职工日益增长的文化需求。

2012 年，公司成立了"金泰阳"志愿服务队，经过近十年不断升级发展，加入员工逐步扩大至整个公司范围，覆盖营销、抢修等多个专业，开展电力维修、隐患排查、扶危助困等志愿服务工作，让员工发挥专业优势和个人特长，实现自我价值，增强职工职业感。

（2）"2680"人才工程。公司提供"2680"职业发展服务，开通"2680"电话热线及职业发展信箱，设置人力资源开放日，为员工职业发展答疑解惑、出谋划策；绘制岗位发展导图，明晰发展路径、价值潜能和交流通道，明确岗位能力要求，建立能力认证体系，让员工和企业共同成长。

公司实施"雏雁护航"计划，面向入职 5 年以内的青年员工，按照工作年限 1—2—3—4—5 年分别开展"孵化培养—丰羽培养—强化培养—精英培养，帮助新进员工快速完成身份转变，持续提升岗位技能水平，培养大专业—跨专业复合能力，加快人才成长速度。

（3）劳模工匠示范引领。公司建立"雄鹰""飞鹰""雏鹰"三级劳模先进梯队后备库，加强孵化培养；成立劳模（工匠）创新工作室，推动职工创新项目实施；开展劳模先进事迹宣传，举办"劳动最光荣"劳模先进事迹分享会，展示劳模先进风采，诠释新时代劳模工匠精神；组织劳模先进走进现场、走进班组，畅谈工作心得和成长感悟，营造"学模范"的浓厚氛围，争取"树立一个、培养一批、带动一方"。

综上所述，可以得出这样一个结论：企业竞争实际上是人才的竞争，企业管理最重要的就是人的管理，而管理应结合人的心理需求特点，体现以人为中心的管理思想，根据企业具体情况，运用权变理论，把实现人才的自我价值与实现企业目标结合起来，从而促进企业的发展。

5 "三量三价" 方法的推广

随着企业不断向前发展，总会有一些值得分享的管理方法与经验需要推广开来，让社会、行业共享严谨、科学的管理成果；同时听取各界声音，举一反三，共同推动企业进一步提高管理水平和经营效益，在宣传分享的同时，增强企业影响力，树立良好的社会责任意识和品牌形象。

经济社会在快速进步，电力行业所面临的竞争环境日益复杂，电力企业一些相对滞后的管理制度、思想观念和工作习惯已无法满足日新月异的时代发展要求。如果想在当下与日俱增的激烈竞争中更好地发展，电力体制改革势在必行，那么绩效管理无疑是斩麻快刀。由于供电企业担负着保障供电的民生任务，且存在一定的特殊性，叠加当下全国电力资源紧张的大背景，供电企业更应具备使命担当，提质增效保障供电。党的二十大报告中指出："全面推进乡村振兴。全面建设社会主义现代化国家，最艰巨最繁重的任务仍然在农村。统筹乡村基础设施和公共服务布局，建设宜居宜业和美乡村。"在社会主义新农村战略中，明确指出要将农村地区建设成为环境优良、设施完善的新农村。农村发展，电力先行，供电所作为供电企业最基层组织和服务窗口，直接服务于广大城乡居民，其工作质量的好坏，不仅关系企业经济效益和发展，还直接影响供电企业的社会形象。台区作为农村电网的基础管理和服务单元，是供电企业面对客户的重要媒介，台区管理人员的工作效率对农村用电服务的整体发展有着至关重要的作用。然而，近年来，受农电发展方向和其他客观因素影响，原有员工年龄结构老化、人员流失，农电员工特别是台区经理人数下降而产生的空缺台区如何管理已成为当下需要解决的重要问题。因此，加快台区管理体制改革，不仅是提升农村电网整体工作效率，确保农村电力有序发展的关键性举措，也符合国家社会主义新农村建设的政策导向。以改革促发展，以改革强实力，以改革增动力，加快转型升级，推进国家电网公司业务布局优化和结构调整是近几年国家电网的重点工作。

2018 年，国网江苏省电力有限公司通过积极探索，亲身实践，经过两年多不断总结经验优化方案形成了一套基于"三量三价"的供电所台区管理权竞拍的绩效管理机制。2020 年，《中国农村供电台区服务管理权竞拍管理》成功申报了江苏省电力行业企业管理现代化创新成果；2021 年，台区管理权竞拍管理创新成果入选《国家电网绩效管理工具箱》；2022 年，沈高供电所以"三量三价"台区管理权竞拍为绩效管理工作亮点，成功创建江苏省"绩效文化优秀示范点"，成为台区绩效改革的典范。台区管理权竞拍方法不仅解决了农村供电所人员少、任务重、分配难的问题，还将工作量和工作完成质量与绩效薪金挂钩，成功破解了"吃大锅饭"的旧薪酬体制顽疾，提高了台区经理人的工作积极性，也加快了乡村振兴工作的步伐。本章主要介绍了如何将优化后的"三量三价"的台区管理权竞拍管理方法推广出去，让整个行业共享先进的管理经验的策略方法。

5.1 "三量三价"方法的实践

5.1.1 淤溪供电所模式

一套科学的、实用的绩效考核管理体系不仅有利于企业的良好发展，还可以营造公平、公开、公正的竞争环境，在员工的日常工作中提供正确的指引，为员工的职业发展提供广阔的通道，在激发员工劳动积极性的同时，促使员工开发自身潜能，使他们更加投入地工作，为企业健康、可持续发展提供坚实的基础。

电力行业大环境如此，改革如箭在弦上不得不发。无所畏惧的泰州人早已做好了刀刃向内，接受改革之痛的准备，但如何找到一个适合的、行之有效的绩效考核方法成了摆在大家面前的新问题。2018 年，姜堰区供电分公司以服务地方经济为己任，以提高农村电网管理效率、助力农村建设为目标，经过多方调研和分析比对，结合地方实际情况，不等不靠、内部挖潜，引入了台区管理权竞拍这一市场竞争和契约管理机制，准备首开台区管理权竞拍之先河。有了想法，在哪个供电所实行呢？大家不约而同地将目光投向了结构性缺员严重的淤溪供电所。

淤溪供电所下设营业和运维采集两个班组，21 名员工（台区经理 12 人，管理人员 9 人）担负着辖区 19000 个用电客户，120 个工业专用变压器和 282 个公用变压器的供用电管理工作。自 2015 年起，每年均有 1 至 2 名员工退休，供电所缺人严重，台区经理人均担负着 24 个变压器台区和 1573 户客户的供电管理和服务工作，工作量远远高于姜堰区供电分公司的其他供电所。即使如此，仍有 26 个公用变压器台区和 1576 户客户的用电服务处于无人具体管理的"真空"境况。面对结构性缺员带来的具体问题，国网泰州供电公司决定以淤溪供电所为试点，在 12 名台区经理中，通过"台区管理权招拍"，实施绩效挂钩及公开招拍手段，将"空置"的 26 个公用变压器台区和 1576 户客户的管理权进行竞争招拍，从源头上解决因缺员造成的台区无人管、委托管、管理不到位的问题。

2018 年年初，在国网泰州供电公司及姜堰区供电分公司人资部、营销部、三新公司等部门的指导下，淤溪供电所先后召开支部会、党员会及班组员工会，对"台区管理权招拍"进行深入的宣传发动，统一思想，形成共识，制订了《淤溪供电所竞争绩效挂钩实施方案》，设立"量化奖"，每位台区经理服务客户基准数为 1000 户，超过部分按 0.5 元 / 户计奖；台区经理超基准服务数的客户每年招拍核定一次；设立"业绩奖"，对每位责任人的各类指标完成情况，根据供电所月度考核办法进行月度排名，考核奖励。通过设立"量化奖""业绩奖"，着力调动参与竞拍台区经理的积极性，切实让"想干事""能干事""干成事"的员工劳有所获，多劳多得。为切实让全所人员，特别是台区经理对竞争招拍精神吃透、理解，该所通过会议宣讲、制作展板和印发资料等形式，对台区管理招拍清单、量化奖励明细等招拍细则公开宣传，为竞争招拍活动造势、助威。在竞争招拍时，供电所对 12 名台区经理给予充分关心，张虎林等几名台区经理责任心强、技能水平较高，供电所管理的台区线损率、电费回收率等各项工作指标一直名列前茅。为让他们保持精力做好工作，在进行竞争招拍时，供电所里让他们量力而行，没有过多地向他们加压。

2018 年 2 月 1 日，在泰州市及姜堰区两级供电公司有关人员的见证下，"台区管理权招拍"公开招拍活动在淤溪供电所会议室举行。全所五大区域的 26 个台区、1576 户客户供用电服务管理工作分别被于建中等 5 名台区经理竞得。

过去，在实施员工月度绩效考核时，台区经理往往因管理户数的多少、工作难易程度等有所报怨，部分考核条款也存在偏颇，供电所很难做到一碗水端平。"台区管理权招拍"工作施行后，实施新的绩效考核办法，台区经理重新签订绩效考核责任书，从管理机制上摒弃了"干与不干一个样"的弊端，台区经理的工作积极性大增。从淤溪供电所成功竞拍的 5 名台区经理工作看，台区经理的主要任务是故障抢修、线损管理、运行维护、电费回收及优质服务等工作。随着电网智能化水平的提高、信息系统的应用、科技管理手段的不断优化，农村用电管理方式已发生了质的变化，管理 2000 户客户和管理 1200 户客户工作难度其实增加得并不太多，只要工作到位、悉心管理，每月均能比之前增收。"台区管理权限招拍"已激起了其他台区经理积极参与多管台区和客户的欲望。淤溪供电所台区管理权招拍方法通过引入绩效考核动态评估系统，设立"量化奖""业绩奖"，实现了能者多劳多得；采用荷兰式拍卖方法，将指派制转换为竞拍制，台区管理自主竞拍方兴未艾。

5.1.2　姜堰供电所模式

姜堰供电所位于姜堰城乡结合部，自 2015 年以来减员严重，两年内减员就达 11 人，伴随着用电需求的高速发展，农村用电规模日益增大，人均管辖客户数出现指数性上涨，农电管理服务压力与日俱增，农电管理工作开始陷入困境。姜堰区供电分公司面对困难重重的农村供电所台区管理新情况，积极推动能干、愿干、想干的优秀农电员工及台区经理主动多揽担子，制定"因事制宜"的策略，实施台区管理权竞拍机制，盘活现有在编的农电人力资源，使台区管理工作不留"空位"与"死角"。国网泰州供电公司总结淤溪供电所台区管理权竞拍的经验，多次召开专题会议分析存在的问题，制订姜堰供电所竞争绩效挂钩实施方案，对能管、愿管的同志增加公开的报酬，让农电管理和绩效对等，激发员工工作热情，实现多劳多得。此次设立的"量化奖"，每位台区经理服务客户基准数由淤溪供电所首次招拍时的 1000 户调整为 1500 户。

淤溪供电所作为"第一个吃螃蟹的人"，已经成功地迈出了台区绩效管理改革的第一步，极大地增加了泰州人改革的信心。本次姜堰供电所依然采用荷兰式拍卖，即减价式拍卖模式，将姜堰供电所辖区因减员出现的 134 个"管理真空"台区，共计 8590 户，分成 11 块进行台区管理权公开招拍，由最低价或综合合理价中标。

相比淤溪供电所竞拍经理人的战战兢兢，姜堰供电所的竞拍经理人对此次竞拍信心满满，姜堰供电所也比之前的淤溪供电所竞拍做了更为全面而细致的宣贯，充分通过会议、展板和宣传册等方式切实让全所人员，特别是台区经理对竞争招拍精神吃透、理解，在竞争招拍时对台区经理人进行访谈，对台区管理招拍清单、量化奖励明细等信息做到公开透明，全力营造竞争招拍的良好氛围。图 5-1 为姜堰供电所台区管理权竞拍现场。

2018 年 11 月 15 日，姜堰供电所 22 名台区经理人手拿竞拍牌，踊跃竞价，争夺相关台区的管理权，经过近 1h 的招拍，最后由钱群民、范跃林、戴方亚等 11 名台区经理分别拍得 134 个台区、8590 户客户的管理权，并现场签订了《台区管理责任协议书》，明确拍得台区的工作职责、目标任务和考核措施。竞拍活动后，姜堰供电所拍得最多的台区经理绩效工资一年均能增加，彻底打破了农电员工"干多干少一个样"的瓶颈，姜堰供电所的各项工作水平也有了显著提升，分别被中国电力传媒集团有限公司（现更名为中国能源传媒集团有限公司）和国网江苏省电力有限公司授予"中国金牌最美供电所"和"江苏省电力公司四星级供电所"的称号。

姜堰供电所的台区管理权招拍相比淤溪供电所的台区管理权竞拍工

图 5-1　姜堰供电所台区管理权竞拍现场

作，竞拍范围进一步扩大，拍卖台区数量、参与竞拍人员大幅增长，相关竞拍管理及绩效考核方案细化深化，荷兰式拍卖台区管理权竞拍方法的落实渐入佳境。

5.1.3　沈高供电所模式

沈高镇位于姜堰区北郊，沈高供电所共有职工 22 人，辖区用户 22879 户，配电变压器 740 台。沈高供电所同样面临着人员少、业务多、分配难的问题，不少台区无人管理、变相委托或管理不到位，极大地影响了农电管理与客户服务工作的成效。为放大辐射台区管理权竞拍工作效应，两年来姜堰区供电分公司在淤溪供电所及姜堰供电所台区管理权竞拍的工作基础上，不断完善，深化提高，在荷兰式拍卖模式下探索出了一种全新的台区管理权竞拍模式——"三量三价"台区管理权竞拍模式。"三量"是竞拍台区的来源，包括由于区域调整、新建居住区等出现的增量台区，人员自然减少出现的余量台区，台区经理业务能力不足需要协助管理的存量台区；"三价"是台区成交价形成的过程，竞拍前通过多方充分询价，并根据人员配置、绩效工资等测算的基准价和台区的管理系数对起拍价进行合理定价，在此基础上，组织所有台区经理开展现场公平竞价。借助"三量三价"原则，供电所通过制定竞拍规则，不仅能够实现最终交易结果的公正性，也能充分体现起拍价格的合理性。与此同时，姜堰区供电分公司根据《泰州三新供电服务有限公司姜堰分公司薪酬分配管理办法》（姜供服〔2019〕1号），结合公司前期实践与实际情况，制定了《泰州三新供电服务有限公司姜堰分公司台区管理权竞拍实施细则》，细则中明确提出了台区管理权竞拍的职责分工、流程实施及日常管理考核等行为规范。通过标准化的流程制定，使得管理模式更加专业化，先进管理办法的大胆应用和实际操作，最大程度上实现提升员工工作效率，克服组织惰性，控制企业缺陷，强化协调管理，稳定效益增长的企业目标，支撑姜堰地区农村电网的持续性发展。

2019年9月26日，在沈高供电所，"三量三价"台区管理权竞拍活动如期举行。在当天的竞拍中，沈高供电所将29个增量台区1456户，43个余量台区1727户，29个存量台区1201户全盘公开竞拍。15名台区经理人手拿号码牌，积极竞价，争相竞拍101个台区管理权限。经过40min的紧张竞拍，孙庆红等7名台区经理成功竞得所拍台区的管理权，7名台区经理人当场与供电所签订了《台区管理责任协议书》。图5-2为沈高供电所台区管理权竞拍现场。

图5-2　沈高供电所台区管理权竞拍现场

"三量三价" 台区管理权竞拍模式在沈高供电所的应用取得了显著的成效，从应用覆盖面来看，累积覆盖增量台区 1456 户、存量台区 1201 户、余量台区 1727 户。对于业务关键指标的提升的效果也有目共睹，在竞拍后台区线索率降低至 3.48%、供电可靠性由 99.45% 提升至 99.80%、综合电压合格率 99.73% 提升至 99.97%，三相不平衡率从之前的 2.49% 降低至 0.68%，报修数量减少了 50%，台区管理水平大幅提升的同时台区经理人的收入也实现了快速增长。表 5-1 为沈高供电所竞拍人收入增长表。

表 5-1　　　　　　　　沈高供电所竞拍人收入增长表　　　　　单位：元

序号	所辖范围	户数	起拍价	最低竞得价	竞得价	月增加收入	年增加收入
1	城北村	993	0.88	0.62	0.7	695.1	8341.2
2	前堡村	463	0.84	0.59	0.65	300.95	3611.4
3	城东村	698	0.94	0.66	0.7	488.6	5863.2
4	朱云村（朱滩）	504	0.88	0.62	0.68	342.72	4112.64
5	朱云村（云树）	525	0.88	0.62	0.66	346.5	4158
6	双星（夏北、双桥）	637	0.58	0.41	0.5	318.5	3822
7	双星（美星）	564	0.54	0.38	0.43	242.52	2910.24
合计	—	4384	—	—	—	2734.89	32818.68

沈高供电所的台区管理权竞拍工作中，用增量、余量、存量明确竞拍台区来源，借充分询价、合理定价、公开竞价实现交易合理公平，"三量三价" 方法最终形成，同时薪酬分配方法和实施细则落地成文，姜堰区供电分公司自主探索的台区管理竞拍方法臻于完善，获得了业内高度认可。

5.2　"三量三价" 方法推广的意义

5.2.1　提升农电管理水平的有效措施

电力是国民经济和社会发展的基础产业，伴随着电力体制改革的不断深化，市场竞争越来越激烈，电力企业面临的内外部形势也发生了更为深刻的变化。在机遇和挑战面前，电力企业必须寻求内在突破和创新，不断提升管理水平，才能在日趋激烈的市场竞争中占据有利位置。绩效管理是国内外众多知名企业普通实施的管理方法，是促进企业管理水平提升的有力抓手，是提高经济效益最强有力的手段。农村电网受以往计划经济"大锅饭"思想影响，再加上原有农电人员客观素质限制，普遍对先进的绩效管理手段及知识接受度不高，不少供电所的分配管理还是传统模式下的"平均分配"，严重影响了台区经理的工作积极性，传统的管理手段已经不足以满足新时代下农村电网发展的迫切需求。供电所作为供电企业最基层的组织和服务窗口，其工作质量的完成情况，不仅关系经济效益和企业发展，还直接影响供电企业的社会形象。要在新形势、新挑战、新要求下更好地实现农村电网高质量发展的目标，加快创新台区管理模式有着极其重要的现实意义。"三量三价"台区管理权的荷兰式拍卖模式有效地缓解了农电企业的组织惰性，最大限度地激发了广大台区经理人的聪明才智和主观能动性，使台区管理从安全生产、设备运营、营销管理、优质服务等各个方面的指标都得到了很大提升，既实现了农电人力资源的合理配置，又提高了供电企业农村用电的管理水平。

5.2.2　内模市场下自主探索的创新成果

所谓内模市场，即是以责任会计等理论为依据，将市场化运行机制引入企业内部，将内部各单位视为独立的经营主体，用契约关系替代主从关系，用交换关系替代行政关系，使原先的服务从无偿变有偿，无价变有价，以效益为核心，强化各单位市场意识，从被动变主动地挖掘潜力，增强企业活力，提高工作效率，逐步实现企业内部市场与外部市场的接轨。

受监管政策、电力体制改革等因素的影响，供电所的成本、基础设施建设等逐渐增加，对供电所自身的经营能力提出了越来越高的要求，一些固有的业务发展模式与经营策略已经无法满足提质增效的发展目标。特别是当下的供电所业务发展更加侧重被动执行，缺乏主动管理意识，影响了企业资源配置的科学性与生产效率，进而影响了供电所的经济效益。内模市场则是为了改善供电所落后的业务管理方法，提高核心竞争力，增加业绩效益的一种重要发展模式，对促进供电所在新形势下快速、稳健地发展具有很大的帮助作用。供电所台区管理权竞拍模式将供电所模拟成一个单独的单元，而这个单元以提质增效为中心，重点做好服务、线损、配电网故障抢修与业务扩展四个方面的成本管理与控制，通过内模市场建设，采用台区管理权竞拍的方式方法进行成本管控，规定竞得人负责竞得台区的安全生产、设备运营、营销管理、优质服务等日常维护管理工作。该做法利用竞拍的方式，将工作任务进行再分配，并将竞得台区的营销指标、运维指标、服务指标等因素列入薪酬考量指标，鼓励台区经理人多干多得，最大限度地减少成本投入，积极构建完善的激励制度，激发台区经理人的工作积极性和主动性，对提升供电服务质量，增加供电业务经营效益发展具有积极意义，是内模市场建设经营成果的体现。

5.2.3　深入推进国家电网 "一体四翼" 发展布局的需要

"十四五" 时期，国家电网提出了以电网业务为主体，以金融业务、国际业务、支撑业务、战略性新兴产业为四翼的 "一体四翼" 发展总目标，到 2025 年，服务大局再上新台阶，引领带动展现新作为，发展韧性实现新提高，业务布局达到新水平，经营业绩取得新成效，服务质效得到新提升，初步形成能源互联网产业生态，公司始终位列世界 500 强前列。我国正处在转变发展方式、优化经济结构、转换增长动力的重要期，经济下行压力加大。中央指出，发展环境越是严峻复杂，越要坚定不移地深化改革，健全各方面制度，持续提升国资国企改革成效，善于运用制度优势应对风险冲击。姜堰区供电公司的 "三量三价" 台区管理权竞拍方法，通过建立有效机制充分调动广大台区经理人的工作积极性、主动性、创造性，凝聚干事创业的强大合力，必将增强企业活力，提高企业竞争力，助力国家电网"一体四翼"的战略目标早日变为现实。图 5-3 为国家电网"一体四翼"图解。

图 5-3　国家电网"一体四翼"图解

5.2.4　推进"三项制度"改革的重要手段

　　三项制度改革指国有企业内部人事、劳动、分配制度的改革。深化国有企业三项制度改革，是推进国有企业改革的重要举措，对完善国有企业市场化管理机制，促进国有企业优质发展，增强企业竞争力、创新力、控制力、影响力和抗风险能力具有重要意义，是时代发展的必然要求。国有企业三项制度改革的主要内容为：一是建立管理人员"竞聘上岗、能上能下"的人事制度；二是建立职工"择优录用、能进能出"的劳动制度；三是建立收入"能增能减、有效激励"的分配制度。实现三项制度改革要求建立健全市场化的薪酬分配制度，改变工资总额以人均基础控制的决定机制，根据企业行业特点、功能性质、创新要求实行更具灵活性、竞争力的总额决定机制，针对不同的企业特点、人员特点，倡导更具灵活性和竞争力的分配制度，支持实施更加多样、更加符合市场规律和企业实际的激励方式。企业的发展关键在人，广大员工队伍蕴含着无穷智慧和巨大力量，企业只有通过创新有效机制充分调动员工工作积极性、主动性、创造性，才能将伟大的中国梦变为现实。供电所台区管理权的荷兰式拍卖将台区推向市场化管理，有效地契合了三项制度改革的要点，打破了过去"吃大锅饭"的旧观念，实现了多劳多得的有效激励，在电力行业取得了良好的反响。

5.2.5　践行党的二十大精神的需要

国家电网承担着保障安全、经济、清洁、可持续电力供应的使命。习近平同志在党的二十大报告中指出，"全面推进乡村振兴，全面建设社会主义现代化国家，最艰巨最繁重的任务仍然在农村。坚持农业农村优先发展，坚持城乡融合发展，畅通城乡要素流动。"国家电网服务党和国家工作大局、服务电力客户、服务电力企业、服务经济社会发展的"四个服务"的企业宗旨充分体现了企业的政治责任、经济责任和社会责任。乡村要振兴，电力必先行。在新农村建设之中，农村电力发展建设是现阶段重要的发展方向之一。近年来，为助推国家"碳达峰、碳中和"目标早日实现，各种新能源设备大量投入电网，给农村电网规模和用电结构带来了巨大变化。另外，伴随着企业发展方向转型，燃煤发电上网电价市场化改革、综合能源服务、电价政策调整等新兴业务层出不穷，使台区管理难度进一步增加。与此同时，电力监管机构对电力行业的监管力度不断加大，政府、社会媒体对电力企业优质服务的关注度持续提高，广大电力客户对电力服务也提出了更高的要求。

为了适应新兴业务发展，加快补齐乡村供电服务短板，分解经营压力，提高安全生产水平，亟须一种新型的台区管理模式来解决当下的问题。在这种环境下，姜堰区供电分公司形成了"三量三价"的台区管理权竞拍方法，这种管理方法紧密贴合当下的时代要求，具有新时代特色，不仅有效提高了台区设备和服务的管理水平，也为建设宜居宜业和美乡村，不断提升村民电力获得感、幸福感和安全感，助力乡村振兴建设保驾护航。

5.3 "三量三价"方法的可推广性

姜堰区供电分公司自 2018 年以来经过两年多对台区管理权竞拍方法的不断优化完善，在竞拍前、竞拍中、竞拍后各个环节的管控形成了一套系统的体系，明确规定了各项实施细则，评价机制及风险防控管理要素，并在农电核心业务应用的基础上，建立企业长效运营机制，满足了农电企业在营销管理、项目管理、经营管理、企业协同管理上各项高质量的业务需求，涵盖了从台区划分、价格制定、人员竞拍到绩效评价考核的台区管理权竞拍模式全过程，既有理念上的更新，又有业务模式和操作流程上的改革优化，是看得见、摸得着的，是有内容、有边界的，是可操作、可复制的，具有高度实用性、规范性和可推广性，对供电企业提高台区管理工作水平具有普遍的指导意义。

5.3.1 竞拍标的物标准清楚明确

此处所说的标的物即台区，具体什么样的台区可以拿出来竞拍，在姜堰区供电分公司的台区竞拍模式中有明确说明。确定竞拍台区要以事实为依据，在结合台区现场管理状况的基础上，对各台区进行综合评价分析，将所有台区统一划分为增量台区、余量台区及存量台区三大类。其中，增量台区指由于行政区域调整、供电所整合、新增集中居住区等出现的新增台区；余量台区指因退休、辞职、调离等人员自然减少出现的剩余台区；存量台区则是指由于台区经理业务能力、年龄、身体等原因引起指标落后，需要协助管理的台区，统称为"三量"台区。竞拍台区的选定本着相对集中，按照就近、便于管理的原则，将所有缺管台区进行区块式分类，在竞拍过程中实行分片、分区域集中竞拍。竞拍台区可以是单个台区单独进行，也可以多个台区一起进行。"三量"台区使竞拍台区有了明确的标准，锁定了供电所管理工作中的痛点和难点，精准确定了竞拍台区数量，为竞拍的成功开展打下基础。

5.3.2 竞拍标的物价格科学合理

众所周知，在竞拍活动中价格的合理性是竞拍成功与否的关键因素。姜堰区供电分公司在台区管理权竞拍过程中，充分考虑了供电所人文、地理、历史等外部因素及过去的业绩情况、人工成本等内部管理因素，在双方互商互信的基础上，为了让竞拍工作更公平、公正，真实考量员工的工作绩效，有差异性地设定不同台区的管理费起拍价。按照充分询价、合理定价、公平竞价的流程，几经测算论证和竞拍实践，探索建立了竞拍价格核定模型，再综合供电所团队绩效资金、已竞拍供电所成交平均价格和本供电所台区经理意向，合理确定询价价格。在询价基础上，根据人均管辖户数、人员配置率，明确台区管理权竞拍基准价，依据台区线损率、超重载、服务半径等七项重点指标确定管理系数，结合各台区管理指标、地理位置等因素确定起拍价。最后，通过荷兰式拍卖方式由台区经理现场竞价，确定竞拍区域的成交价。价格模型透明公开，实现"一区域一价格"，具有很强的可操作性。

1. 询价

各供电所根据台区经理平均管辖户数，按增量台区、余量台区和存量台区三种台区性质进行分类和询价。其中，增量台区和余量台区同价。供电所应以外询已竞拍供电所平均成交价格和内询台区经理期望成交价格，按 7∶3 的比例计算作为测算询价，然后再以该供电所绩效工资中每月可以拿出的用于竞拍资金作为团队竞拍绩效资金，加上供电公司按月奖励该供电所的竞拍资金，除以竞拍总户数和竞拍区域管理系数均值，作为允许最高询价。其中，对存量台区允许最高询价进行相应折算，最后以测算询价和允许最高询价中较小值为确定询价。经过向供电所内台区经理、已竞拍供电所、已竞拍台区经理等多方询价的方式，初定基价，上报公司核定。

2. 定价

为了保证起拍价的差异性和公平性，主要针对供电台区服务半径、设备运维状况、在线缴费比例、投诉风险等因素，合理确定台区管理费基准单价（起拍价）及价格区间。设备状况好、服务半径小、供电密度大、在线缴费比例高、民风淳朴、投诉风险低的台区，起拍价低，反之，起拍价高。

定价过程按竞拍区域分别确定，首先各供电所应在区域确定询价基础上，乘以该供电所人均户数和全部供电所人均户数比值及该供电所人员配置率来计算获取基准价，还需要计算确定各竞拍区域内台区管理系数的平均值。为了保证模型构建的合理性与通用性，姜堰区供电分公司以前期实践经验为参考依据，对照定价标准，选取了分别代表营销、运维及服务三个方面的七项指标作为衡量计算台区管理系数的标准，管理系数由各供电所根据竞拍台区的指标情况每年可做相应调整，具体管理系数确定方式参照表 5-2。

表 5-2　　　　　　　　　　　　指标系数表

系数	营销指标		运维指标		服务指标		
	线损率（%）	电费回收率（%）	配变超重载	三相不平衡	故障报修	三入完成率（%）	服务半径（km）
0.8	≥ 0，≤ 4	100	0	0	0	≥ 95	≤ 2
1.0	≥ -1，<0 或 >4，≤ 5	≥ 99.9，<100	≥ 1，≤ 3	≥ 1，≤ 3	≥ 1，≤ 3	≥ 90，<95	>2，≤ 5
1.5	>5，<-1	<99.9	>3	>3	>3	<90	>5

比照指标系数表，应统一先在营销、运维及服务三个大方向内对各自的指标划分权重相乘加总，然后重复第一步操作，对三个加总值划分权重相乘再加总来确定管理系数。最终基准价和管理系数的乘积作为起拍价，同时为了避免成交价有失公允，竞拍的最低成交价为起拍价的 70%。竞拍台区为多个台区时，起拍价为所有台区的加权平均值。图 5-4 为"三量三价"图解。

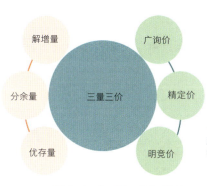

- **解决增量**
  行政区域调整、业务所调整、新增集中居住区
- **分担余量**
  退休、调离、辞职
- **优化存量**
  业务能力、年龄、身体

- **充分询价**
  外询：已竞拍业务所
  内询：所内台区经理
- **合理定价**
  询价结果、辖区总户数、人员配置率、团队绩效工资、确定管理系数整合统计
- **公平竞价**
  起拍价 = 基准价 × 综合管理系数
  最低竞得价 = 起拍价 × 70%

图 5-4 "三量三价"图解

3. 竞价

在公告规定的时间、地点组织现场公平竞拍活动，竞拍活动主持人由供电所所长担任，台区经理根据竞拍规则现场竞拍。竞拍活动邀请当地公证处人员现场监督，公司人力资源部、营销部现场观摩指导，确保竞拍工作公开、透明。在竞拍活动过程中，主持人需要介绍竞拍台区的地理位置、各项指标情况及竞拍规则，在公布完竞拍台区的起拍价、最低价、减价幅度后正式开始竞拍活动。整个竞拍活动为动态报价方式，允许竞拍者在公平竞争的环境中多次报价，从而能够快速达到各自预期的台区成交收益线。一旦主持人连续三次宣布同一应价或报价，无人再应价或报价，且该价格不低于竞拍的最低价时，主持人落槌表示竞拍成交，宣布竞得人。最终，由供电所所长与竞得人现场签订《竞拍成交确认书》。

5.3.3 台区管理权竞拍制度完善、职责清晰

姜堰区供电分公司为保证台区管理权竞拍工作有序开展，制定出台了《泰州三新供电服务有限公司姜堰分公司台区管理权竞拍实施细则》，在细则中泰州三新供电服务有限公司姜堰分公司全面负责台区管理权竞拍工作的管理工作，主要职责包括：贯彻落实国家电网公司绩效管理规章制度与标准；制定公司台区管理权竞拍实施细则并组织实施；负责审批各供电

所台区管理权竞拍实施方案，以及指导、检查、监督和考核各供电所台区管理权竞拍工作。各供电所则主要负责台区管理权竞拍的具体实施，主要职责包括：负责本供电所台区管理权竞拍的方案制订、负责本供电所台区管理权竞拍的具体组织实施及负责竞拍资料的收集归档和保管。

5.3.4　台区管理权竞拍流程理顺，行为规范

姜堰区供电分公司通过编制竞拍方案标准模板，固化了从方案拟定到资料归档的规范流程，最终形成了一套可复制推广的管理机制。图 5-5 为台区管理权竞拍流程图。

图 5-5　台区管理权竞拍流程图

在竞拍流程中，公司先要对方案进行初步的制订和审批，紧接着各供电所根据竞拍实施细则制订竞拍方案，提前 15 个工作日向公司提交台区管理权竞拍申请。公司在进行审核批复后发布竞拍公告，各供电所按照询价、定价情况和审核批准后的竞拍方案在供电所内发布台区管理权竞拍公告，召开竞拍动员会，鼓励员工积极参与竞拍。随后，由申请人向各供电所提出申请，供电所初步审核申请人竞拍资格后上报公司，公司进行审查确认。其中，申请人应明确规定为本供电所员工，同时存量台区竞拍的原台区经理应不得参与竞拍。申请人一旦确认完毕，各供电所就可以开始组织实施现场竞价活动。在活动现场，公司要安排人员现场监督，确保活动

的公正有效。在竞价结束后，各供电所与竞得者现场签订《竞拍成交确认书》，并在公司系统内对竞拍结果进行公示。公示结束后，各供电所与竞得人签订《台区管理协议书》，并报公司备案。最后，各供电所收集竞拍申请、审批、竞拍活动实施、协议书等相关资料，并进行整理归档。

5.3.5 台区管理权竞拍后的绩效考核有章可循

评价规则是企业判断员工工作效率的指南针，为了保证评价规则的公正有效性，农电企业除了要将台区接管前后指标变化纳入考核范围，同时还需要在评分阶段匿名广泛收集用户意见，通过员工自评、上级审核、人才盘点、用户反馈这四重标准来综合约束台区经理的服务质量，形成从上到下、从里到外一整套合理的评价机制。

1. 台区管理绩效考评机制

选优配强考核工作人员，要明确规定组织纪律，秉承实事求是、公平公正的原则对台区经理进行评价。实施由基础绩效、台区管理成效、加分项目构成的考核方式，明确在线缴费率、投诉管控等日常管理标准，设定提升目标和考核标准，按月、季度公布竞拍台区管理指标，全面掌控台区管理运行状况。科学运用绩效指挥棒，凝聚考评工作合力、深化考评结果运用、推进绩效考核文化建设的思路，不断完善台区管理绩效考评机制，持续改进，着力将绩效管理变为农村电网治理过程中的助推器。

2. 台区经理长效激励机制

积极采用多种激励措施，充分调动相关人员的工作积极性，推动专业协同配合。一是加强考核力度。将台区管理指标状况纳入相关台区经理的绩效合约中，台区经理可以通过积分制等方式进行绩效考核，评价任务完成情况，考核结果与二次分配挂钩，根据重大问题单独进行奖励。二是优化精神机制。对在台区管理工作方面有突出创新成果和突出贡献的，在给予物质奖励的同时，还需要加大荣誉表彰等精神层面的奖励，建立多维度的员工激励措施，营造良好的内部合理竞争氛围，不断促进员工成长与发展。三是完善薪酬激励机制。对优秀员工和技术骨干要给予专项奖励和津贴待遇。

3. 台区经理责任驱动意识

坚持以用为本，充分发挥台区经理带头作用，加强台区经理队伍建设，细化各项考核指标，激发台区经理自我完善、自我总结、自我提高、敬业负责的工作态度，打造一支优秀的台区经理团队。按照台区经理的评分排名，选取每月之星，并将整体考核结果作为台区经理能否胜任台区管理工作的重要依据，同时也作为员工职务晋级、挂职锻炼、外派学习等方面的参考标准，确保人员能力与工作岗位的最佳匹配。各供电所需要与竞得的台区经理签订责任书，明确台区管理要求和考核标准，确保管理成效。对于帮扶台区，在给予竞得者激励的同时，对原台区经理进行一定比例的绩效扣减，培养台区经理责任意识。另外，可以在自愿的基础上，选择性签订附加协议，鼓励台区经理主动宣传推广综合新能源、光伏发电等新型业务，前移服务窗口，挖掘经营服务潜力，新业务工作绩效同步纳入考核奖励，打破仅满足于指标完成的思维壁垒。

4. 台区经理动态轮换机制

台区经理负责竞得台区的安全生产、设备管理、营销管理、优质服务等日常维护管理工作，各项工作须服从供电所统一安排。各供电所每年对竞得台区管理情况进行总结并报公司审核。管控中心负责每月发布各供电所业绩指标管理考核通报，各供电所根据通报对竞得台区管理权的台区经理业绩指标进行考核评价。通过确定指标权重，细化检查要求，编制打分细则，突出工作重点，真实地反映台区经理工作效果，并按照指标提升、退步情形，同步兑现奖惩，确保考核与绩效强关联。各供电所还可根据评价结果酌情实施台区管理权竞拍动态轮换，综合各供电所台区数量变化、现有竞拍台区管理质量、人员等因素，以 3~5 年为限，重新实施竞拍，形成良性循环竞争。

5.4 "三量三价" 方法推广的路径与成效

5.4.1 "三量三价" 方法推广的路径

所谓推广就是扩大应用或施行范围，换句话说就是把产品、服务、技术、文化、事迹等通过报刊、广播、电视、网络、广告等方式让更多的人和组织机构了解、接受，从而达到宣传、普及的目的。

"三量三价" 台区管理权竞拍这一全新的管理方法是姜堰区供电分公司经过两年多不断创新、不断实践、不断完善的成果，这一模式对农村电网管理带来的便捷性、实用性和高效性，在行业内已经树立了良好的典范，如何更好地将这一好经验、好理念、好方法推广开来，为还在观望的人群解除顾虑，激发行业活力，让社会、行业共享严谨科学的管理成果，共同推动供电企业进一步提高管理水平和经营效益，增强企业的影响力，树立企业良好的社会形象，是接下来要解决的问题。

按传播载体的不同，推广大致可分为两种大的类型：线上推广和线下推广。

线下推广侧重于传统模式，注重实际生活沟通交流，面对面的内容更多，在传统营销中占很大比重，主要有地推、面销、会议、学习培训等方式。

线上推广的方式很多，一切通过互联网渠道推广的方式都属于线上推广，包括搜索引擎推广、论坛推广、微信社群推广、问答营销推广、新闻推广、网络直播推广、短视频推广、信息流推广等。

不同的行业有不同的推广方式和方法，如果是制造型的企业，有一个新产品要推向市场的话，通常采用的推广手段包括：广告推广、会展推广、会议推广及渠道招商推广等；如果是餐饮行业，一般会采用广告推广营销、会员推广、节假日推广、折扣推广等。当然，我们要推广的不是商品，而是一种经营理念、一个观点、一个创新典范，一种方法，推广的受众也不是普通人群，所以不能简单地沿用普通商品的推广途径。我们的推广要让江苏省经过千锤百炼、反复雕琢形成的"三量三价"台区管理权竞拍的创新管理方法走出江苏省，迈向更广阔的天地，让更多的同行从中受益，让整个行业共享，所以我们要选用更适合电力企业推广的方式和方法。

1. 新媒体宣传

新媒体引用联合国教科文组织的定义，即新媒体是以数字技术为基础，以网络技术为载体的信息传播的媒介。这个定义指出了新媒体的两个关键要素，数字技术和网络。常见的新媒体形式主要有门户网站、电子邮件、新闻头条号、微信公众号、新闻客户端、电子屏、微信、微博、直播平台等。新媒体是相对传统媒体来说出现的一种新形式的媒体，传统媒体一般都是通过报纸、电台，电视广告等渠道传播，而新媒体是通过网络来传播的，如新浪、搜狐、网易等网站都算是新媒体的一种形态。

据中新社援引，中国互联网络信息中心第 51 次《中国互联网络发展状况统计报告》报道，截至 2022 年 12 月，中国网民规模达 10.67 亿人，较 2021 年 12 月增长 3549 万人，互联网普及率达 75.6%，线上办公用户规模达 5.40 亿人，较 2021 年 12 月增长 7078 万人。在互联网的时代背景下，网络已经渗透人们生活和工作的方方面面，无论在何处，人们只要通过身边的电子产品，便可以查阅所需信息，真正实现"足不出户，通晓天下"，网络信息成为大家最主要的信息来源，互联网存在着不可小觑的受众群体。

以数字技术为代表的新媒体，其最大特点是打破了媒介之间的壁垒，消融了媒体介质之间，地域、行政之间，甚至传播者与接受者之间的边界，还表现出以下几个特征：

（1）媒体个性化突出。由于技术的原因，以往所有的媒体几乎都是大众化的。而新媒体却可做到面向更加细化的受众，可以面向个人，个人可以通过新媒体定制自己需要的新闻。也就是说，每个新媒体受众手中最终接收到的信息内容组合可以是一样的，也可以是完全不同的。这与传统媒体受众只能被动地阅读或者观看毫无差别的内容有很大不同。

（2）受众选择性增多。从技术层面上讲，在新媒体那里，人人都可以接收信息，人人也都可以充当信息发布者，用户可以一边看电视节目、一边播放音乐，同时还可参与对节目的投票，还可对信息进行检索。这就打破了只有新闻机构才能发布新闻的局限，充分满足了信息消费者的细分需求。与传统媒体的"主导受众型"不同，新媒体是"受众主导型"。受众有更大的选择，可以自由阅读，可以放大信息。

（3）表现形式多样。新媒体表现形式多样，各种形式的表现过程比较丰富，可融文字、音频、画面为一体，做到即时地、无限地扩展内容，从而使内容变成"活物"。理论上讲，只要满足计算机条件，一个新媒体即可满足全世界的信息存储需要。除了大容量，新媒体还有易检索性的特点，可以随时存储内容，查找以前的内容和相关内容非常方便。

（4）信息发布实时。与广播、电视相比，只有新媒体才真正具备无时间限制，随时可以加工发布。新媒体用强大的软件和网页呈现内容，可以轻松地实现 24h 在线。

新媒体交互性极强，独特的网络介质使得信息传播者与接受者的关系走向平等，受众不再被动地单方面接受媒体的讯息，在"三量三价"的推广中要充分利用强大的网络优势，抓住新媒体特点，拓展思路，通过与新媒体的互动，发出更多的声音，影响信息传播者。

2. 示范点建设

企业强则国家强，企业兴则国家兴。2020 年 11 月，习近平总书记在江苏考察时对提出，"着力在改革创新、推动高质量发展上争当表率，在服务全国构建新发展格局上争做示范，在率先实现社会主义现代化上走在前列"的殷切希望。电力企业在改革发展的道路上一直在寻求新的突破，谋求形成以追求高绩效为核心的优秀企业文化，选树绩效典型，有效支撑公司站排头、当先锋、作表率，充分发挥示范点的导向功能、约束功能、凝聚功能、激励功能、辐射功能、品牌功能，因此示范点的创建对"三量三价"方法的推广有着重要的意义：

（1）示范点单位为同行业提供了一种较好的实践和学习的模范。同行业之间可以明确本身所处的环境、管理运作及需要改进的地方，从而制定适合本单位的有效的策略方法，达到持续改进薄弱环节的目的。

（2）示范点是企业提高管理水平的工具。它可以在行业内提供明确的目标和方向，促进行业内的竞争和合作，推动行业的发展和进步。

（3）示范点建设是企业增进学习的方法。企业可以通过创建示范点，克服不足，增进学习，使示范点成为学习典范，树立基准，帮助员工增强信心，激励人们追求更高的目标。

国网江苏省电力有限公司作为国家电网体量最大的省级供电公司，拥有众多的基层供电所，相同的体制、相同的工作模式，使供电所或多或少面临着和姜堰区供电分公司"人员少、业务多、分配难"同样的问题，大家都在摸索中寻求更好的解决方法和更好的平衡点。示范点的创建为大家提供了一种可行、可信的执行典范，以及追求不断改进的思路，是发现新目标及寻求如何实现这一目标的一种手段和工具，具有合理性和可操作性。

沈高供电所在绩效管理工作中主抓生产、营销、建设等主营业务，连续两年保持零投诉，先后获评国家电网"五星级供电所"，国网江苏省电力有限公司"一流农村供电所""标准化供电所"，连续3年被评为"泰州市文明单位"，在2020年入选全国百强供电所，2021年被评为"中国最美供电所"，2022年被国家电网评为"管理提升典型供电所"等。

2022年4月，国网泰州供电公司对沈高供电所绩效工作进行全面梳理，总结"三量三价"台区管理权竞拍模式的工作亮点，积极营造浓厚的绩效文化氛围。2022年9月，沈高供电所顺利通过江苏省市场营销类首批"绩效文化示范点"的验收。

沈高所绩效文化示范点的成功创建将充分利用示范点的典型示范作

用，把基于"三量三价"的台区管理方法通过现场解说、经验交流、展板制作、情景模拟、沙龙互动、宣传视频等方式，立体展示典型经验，使示范点在行业内闻有其名，观有其实，学有榜样，通过"点上突破"最终实现推广实施工作的"全面开花"。

3. 配套政策落实

企业在运营管理中，为了实现战略目标，需要根据实际情况制定相应的制度政策。适时有效的制度政策不仅是企业各项工作正常有序进行的基础，也是企业健康发展的有力保障，同时还是提高工作效率和工作质量、降低业务运营风险的重要管理手段。

为保障"三量三价"方法推广工作的有序开展，姜堰区供电分公司先后制定发布了《泰州三新供电服务有限公司姜堰分公司绩效管理办法》《泰州三新供电服务有限公司姜堰分公司薪酬分配管理办法》等管理办法，有力地夯实了农电服务绩效管理基础；出台了《泰州三新供电服务有限公司姜堰分公司台区管理权竞拍实施细则》，明确规定了供电公司各部门及各供电所的职责分工，涵盖了台区管理权竞拍过程中的各个环节，为竞拍工作提供了有力的制度保障；在绩效职责分工方面设立绩效管理委员会，负责指导各部门开展绩效管理工作，并在绩效管理委员会下设立绩效管理办公室，对绩效相关制度进行起草和修订，并针对绩效结果定期开展分析，提出改进建议。

5.4.2 "三量三价"方法推广的成效

国网江苏省电力有限公司着手推行供电所台区管理权竞拍方法，进行台区绩效改革的初衷源于习近平总书记提出的"国有企业是中国特色社会主义的重要物质基础和政治基础，是我们党执政兴国的重要支柱和依靠力量""要坚定不移深化国有企业改革，着力创新体制机制，加快建立现代企业制度，发挥国有企业各类人才积极性、主动性、创造性，激发各类要素活力"。在用电新兴业务持续增加的大环境下，国网江苏省电力有限公司近几年农电工作人员减少近 6000 人，基层供电工作压力日益增加的同时，服务风险也凸显出来。国网江苏省电力有限公司在姜堰地区经过两年多试验探索出的"三量三价"台区管理权竞拍方法，不仅实现了人力资源的有效配置，成功化解了"人员少，任务多"的矛盾，还形成了独特的典型经验，为提升农电管理工作作出了重要贡献。

改革创新必然导致原有格局的调整、体制机制的变更，先在点上取得突破，"允许看，坚决地试"，可以减少和消除阻力，控制可能存在的风险，留出后续完善的空间。一些创新做法，应该在一些地区先行先试，取得成功经验后，再由点及面推广。

一项改革特别是重大改革，先试点探索、投石问路，取得经验，达成共识后，再全面推开，这种路径比较稳妥，也是中外学者经常提到的渐进式改革。先在基层、在局部试点，有利于取得经验，有利于规避风险，有利于科学决策，也有利于统一思想，先易后难、先试点后推广、先局部后全局，是推进改革的重要工作方法。

国网江苏省电力有限公司致力将沈高供电所打造成为"三量三价"台区管理权竞拍绩效管理工作的模范样本，总结绩效文化示范点经验成果，持续优化绩效管理办法，输出绩效管理优秀实践经验手册、管理创新报告等，形成具有可操作性、可复制性的经验办法，接下来计划加大绩效管理经验行业内的宣传力度，经过实践与沉淀，取得良好效果后，以点带面，扩大示范效应，逐步加大"三量三价"方法实施范围，在江苏省大面积推广应用"三量三价"的台区管理权竞拍方法是国网江苏省电力有限公司的长远目标。

5.5 "三量三价"方法推广的实施与建议

5.5.1 "三量三价"方法推广的思路

国网江苏省电力有限公司"三量三价"台区管理权竞拍管理方法的推

广与实施，以推进劳动、人事、分配三项制度改革，优化提升农电管理水平为目标，按照总体设计、分步实施、稳步推进的思路，按照三个阶段展开：首先，公司本部出台"三量三价"方法推广的总体方案与设计愿景，制订实施架构与计划，为试点实施单位提供指导意见；其次，试点单位参照公司本部"三量三价"方法推广的总体方案设计本单位推广方案与实施计划，拟定基层推广实施单位，并为基层推广实施单位提供组织保障和其他支持；最后，基层推广实施单位按试点单位推广计划制订实施方案并执行。在实施过程中要遵循以下原则：

1. 重战略

绩效管理其实是战略管理的实现形式，所以要以公司发展战略为导向，通过分析公司战略目标建立战略地图，将战略目标、责任与压力层层分解落实到各级组织、各级员工，实现各组织层级与员工目标导向一致，实现个体目标与企业目标的充分结合。

2. 重量化

台区绩效管理应多实行量化评价，建立科学合理的量化指标体系，量化评价体系，避免台区绩效评价指标的随意性和主观性，加强公司、组织及台区经理人各项指标的统计与分析，进一步促进公司整体基础管理工作水平的提高。

3. 重过程

台区绩效管理推广应注重过程，不仅关注企业、各级组织及台区经理人最终目标的实现，还应同时关注各级组织、台区经理人在完成所设定的目标过程中方法是否得当、授权是否到位、资源是否满足需求，通过强化过程监督控制，避免因过程失控影响绩效目标无法实现的情况发生。

4. 重沟通

台区绩效管理推广需要公司各级领导、部门的共同参与，需要强化绩效承诺理念，通过在绩效计划制订、绩效监督辅导、绩效评价反馈、绩效结果应用过程中的全方位沟通，提高绩效目标的可实现性与合理性，最终提高公司战略目标的可控性。

5. 重激励

台区绩效管理推广需要明确正向激励的理念，通过充分挖掘各级组织及员工潜力，发挥其主观能动性，设定具有挑战性的长期目标、卓越目标，促进公司创先争优氛围的形成。

6. 重实际

台区绩效管理推广还需要充分与实际相结合，要充分考虑企业管理模式、管理文化与管理习惯，逐步引导绩效管理理念转变，将其他绩效管理体系中被证明行之有效的、好的做法充分纳入台区绩效管理体系中，提高绩效管理实施效率与效果。

5.5.2 "三量三价"推广实施的方法

供电所"三量三价"台区管理权竞拍方法的推广工作涉及面广、影响量大，既需要该方法的科学性、合理性，又需要充分结合各单位的管理实际；既需要考虑按照时间节点完成相关工作，又需要考虑农电工作人员的思想解放程度与接受程度，还需要通过必要的方式和方法，才能保障"三量三价"台区竞拍管理方法顺利推广与实施。

1. 利用新媒体推广，扩大影响范围

新媒体的方便、快捷、高效及影响力为企业宣传提供了崭新的机遇和更加广阔的空间。在此背景之下，企业应当积极利用网络的优势资源，在"三量三价"台区管理权竞拍方法的推广过程中，充分抓住新闻的舆论导向作用，宣传正能量，通过网络平台进行相关业务活动的宣传推广，以此来提升企业影响力和品牌知名度等，主要应从以下两方面入手：

（1）内围部分。内围宣传是指电力企业在内部网络平台及内部工作区域，将"三量三价"推广工作中的新闻事件、工作亮点、工作动态、经验交流、学习课件等通过网络媒介展示给电力系统内部人员的宣传方式。内围宣传的方法包括：

1）门户网站。把"三量三价"方法相关的工作模式、典型经验、成果成效等制作成 PPT，配发图文登载在内部门户网站上，方便各单位随时登录网站，全面、方便、准确地了解"三量三价"的方式方法。

2）大厅电子屏宣传。制作"三量三价"相关的宣传视频在公司大厅的电子屏循环播放，定期更新，在宣传的同时强调"三量三价"推广的氛围。

3）教程学习课件。将"三量三价"有关内容制作成学习课件，上传到内网的"国网学堂"等相关板块，组织员工学习和浏览。

4）新闻报道。宣传单位及时抓住"三量三价"方法推广工作中的亮点和新闻事件，展开宣传报道。例如，2018 年 11 月，姜堰供电所台区管理权竞拍结束后，12 月 11 日，国网江苏省电力有限公司通过内部平台发布了《泰州姜堰公司建立台区管理权竞拍机制激活农电内生动力》的工作动态；2019 年 1 月 4 日，国家电网内部平台发布了《江苏泰州公司建立台区管理权竞拍机制激发农电管理活力》的文章；2019 年 9 月，沈高供电所首次采用"三量三价"方法进行台区管理竞拍后，2019 年 11 月 26 日，国网江苏省电力有限公司内部平台发布了《泰州公司创新实施台区管理权竞拍模式提升农电绩效管理水平》；2021 年 6 月 25 日，国网江苏省电力有限公司内部平台发布了《泰州公司：农电台区管理权竞拍形成制度

化》，如此等。图 5-6 为国网江苏省电力有限公司内部网站的报道。

泰州公司：农电台区管理权竞拍形成制度化

作者：张凌 陆星辰 张娜   发布日期：2021-06-25   访问次数：280   字号：［大 中 小］

"该台区历史参考价格为7.7元/户/年，上报价格超出历史参考价格20%以上，可能存在基准价测算不合理的风险。"6月23日，国网泰州市姜堰区供电公司财务部负责人周坤登录智慧共享财务管理平台，对溱潼供电所上报的兴泰集镇15号变管理权竞拍基准的批复时，系统弹出风险提示消息。

这是国网泰州供电公司推动农电台区管理权竞拍趋向规范化、制度化的场景之一。

2018年，泰州供电公司在姜堰区试点引入农电台区管理权竞拍机制，通过"荷兰式"拍卖方式，有效解决工作量分配问题，调动了基层员工的工作热情。随着台区竞拍模式的不断推广，台区竞拍定价不够规范、评价机制不够健全、制度保障不够完善等问题也随之而来。

泰州市姜堰区供电公司试点实行农电台区管理权竞拍（李杨 摄）

对此，泰州供电公司依托国网江苏电力智慧共享财务管理平台，创新建设"台区竞拍管理"子平台，引入多维精益管理理念，从辅助定价、质效评价、激励机制三方面，提升台区竞拍管理效能，驱动农电台区管理资源优化配置。

今年4月以来，该公司梳理了近3年的台区管理成本数据，并录入子平台系统，依据多维客户价值模型，形成台区竞拍参考价格区间，为县区公司审批基准价提供数据支撑。目前，该公司已将826个竞拍台区纳入了定价规范管理。

当天，溱潼供电所副所长乔进在平台中收到周坤的驳回反馈后，重新核实台区实际情况并测算询价后，发现该台区确实存在设备老化严重、服务半径大等问题，随即递交了台区竞拍基准价偏离说明。最终，该台区以9.6元/户/年的价格通过审批。

图 5-6 国网江苏省电力有限公司内部网站的报道

（2）外围部分。外围宣传部分是和内围部分相对应的，是指各行业报纸、杂志、微博、新闻客户端、微信公众号等新闻媒体面向所有人开放的宣传，外围宣传的主要方法包括：

1）宣传视频和报道。将"三量三价"工作中的亮点部分推荐给外围媒体，或者邀请外围媒体参与报道创新成果相关事件。2018 年 11 月，姜堰供电所台区管理权竞拍结束后，12 月 23 日，中国最具影响力的主流媒体人民日报、新浪网、搜狐网分别刊登了一篇题为《台区管理权开启竞拍模式》的新闻报道（见图 5-7）；2021 年 6 月 2 日，中国电力网发布了一篇文章《多维精益管理助力农电台区管理权竞拍》；2019 年 11 月，在学习强国 App 推送了一篇题为《国家电网公司深入推进全员绩效管理》的文章，文中详细介绍了台区管理权竞拍的绩效管理工作。外围媒体的宣传让全国人民都看到了江苏省的这一创新性举措，短期内形成了较大范围的影响力。

图 5-7 《人民日报》对台区管理权竞拍模式的报道

2）微信公众号。开通微信公众号，发布"三量三价"推广中的新闻及工作动态等。目前，江苏省开放的微信公众号有江苏电力绩效园地，主要开辟了绩效宣传、工具案例、培训提升等三大板块，涵盖了从宣传、工具、案例、学习、应用一系列内容，大家还可以在评论区进行学习、讨论和交流。

3）微博。在信息高速发展的时代，越来越多的人会关心自己获取信息的途径不正确，信息的真实性不高的问题，开通企业微博后，企业微博拥有唯一性，发出的信息代表企业的官方观点，流量数据大有助于企业的宣传推广，增强企业的曝光度，扩大企业的影响力。

4）网络直播。可以利用当下流行的网络直播手段，直播"三量三价"台区管理权竞拍工作现场和操作方法等，使大家在屏幕前通过和主播的互动也可参与和了解"三量三价"的相关内容。

在新媒体推广宣传的过程中应充分利用网络宣传打破时间、地域的特点，形成以内围宣传为主，外围宣传为辅，两者相互补充，相互渗透，互为促进，形成定位明确、特色鲜明、功能互补、覆盖广泛的舆论引导格局。

2. 搭建交流平台，丰富线下推广形式

网络宣传虽然具有高效性和广泛性的特点，但线下宣传推广永远有它不可替代的优势。据某调查机构发布的一份《2015 中国手机网民微信自媒体阅读情况调研报告》显示，网民平均在每篇文章的阅读时间只有85.08 s。按普通成年人 200 字 /min 的阅读速度计算，85.08 s 只读 284 个字。这说明虽然线上的受众多而广，也不受时间和地域的限制，但大多数人是以走马观花式的浏览为主，缺乏必要的目的性、专注性、互动性；线下宣传在这方面则体现得更直观、实用和灵活。所以，线上推广要以舆论宣传为主，线下推广要以实务应用为主，线上、线下各取所长，互为补充，相互推动。

线下推广的主要方式有发放宣传单、宣传册、展板、展厅及各种层级

和各种形式的专题讲座、学习研讨、会议、观摩等活动；还可以根据推广工作重点树立标杆、典范、示范点等，以榜样的力量引领推广工作的开展；另外，还有文献传递的方法，如创新成果持有人以公开发表论文、会议交流、报告或出版论著等形式，使创新成果得到介绍、交流并获得认可。在这一方面国网泰州供电公司的具体做法值得大家参考和借鉴。

（1）创建示范点。2022 年 4 月，国网江苏省电力有限公司下发了关于开展绩效文化示范点建设的文件，文件通知下发后，全省 23 家单位共 43 个团队参与申报，国网泰州供电公司成立了专门工作小组，将沈高供电所绩效工作进行全面梳理，突出显现"三量三价"的特色亮点，积极参与创建江苏省首批绩效文化示范点。

沈高供电所从 2018 年到 2022 年经过探索期、试验期、成长期，结合实际创新了基于"三量三价"的台区管理权竞拍方法，将"三量三价"台区管理权竞拍模式作为台区管理灵活调配、人力资源充分优化的核心举措，从而达到激发供电所员工内生动力，持续提升台区管理的目的。基于"三量三价"台区管理权竞拍的管理模式使沈高供电所于 2022 年 9 月顺利通过江苏省绩效文化示范点的验收，成为江苏省首批绩效文化示范点（见图 5-8），并取得了省市公司领导的高度认可。2022 年 7 月 26 日，国网江苏省电力有限公司人力资源部绩效考核处一行人赴沈高供电所开展现场调研时，对沈高供电所绩效文化示范点创建工作给予了充分肯定，希望沈高供电所通过绩效文化示范点建设，进一步丰富"三量三价"台区管理权竞拍内涵，拓展其外延，形成可复制、可推广的"泰电样板""江苏经验"。

图 5-8　沈高供电所创建"绩效文化优秀示范点"

（2）制作宣传册和宣传展板。制作宣传册和宣传展板是推广中比较常见的方法，这种宣传册和宣传展板的形式一般是以文字配图或者几乎是纯图的方式展现，更鲜活、更直观，并且会把推广中最核心、最主要的部分整理出来，更具有专业性和说明性，宣传册和展板经过专业的设计从制作用心度和精美程度上也有一定的吸引力。另外，宣传册可以留待以后使用，获取信息相对更容易。

在对"三量三价"台区管理权竞拍方法的推广宣传中，可能有大部分人由于时间和空间的关系不能到现场亲身观摩和学习，所以国网泰州供电公司制作了"三量三价"台区绩效管理创新成果相关的宣传展板和折页宣传册，这些经过专业设计的宣传展板和宣传册以直观明了的图表方式详细介绍了"三量三价"台区管理权竞拍的制度、流程、方法，还有竞拍经理人的心得感受和薪酬变化等。宣传展板分别设置在公司大堂和供电所门厅处，方便员工进出时学习了解，且宣传展板内容会针对大家比较关注的问题和台区管理权竞拍的工作动态及时更新。宣传册为了满足大家学习的要求，每个台区经理人人手一册，方便大家随时随地取出来讨论和学习。此外，还在沈高供电所制作了台区绩效管理创新成果的展厅，以更加丰富多彩的形式向企业员工展示"三量三价"的台区管理创新成果。图 5-9 为参观沈高供电所台区管理权竞拍展板。

图 5-9 参观沈高供电所台区管理权竞拍展板

（3）创建实训基地。2018年底，随着各大网络媒体及内部平台对"三量三价"台区管理权竞拍模式的宣传报道，台区管理权竞拍的概念已初步进入了行业人士的脑海中，但距离实际应用和广泛推广还有一定的距离。大家对"三量三价"台区管理权竞拍这一新鲜事物的概念是模糊的、抽象的，国网泰州供电公司决定双管齐下，一方面，发挥网络宣传的舆论导向作用；另一方面，组织各农电员工集中学习台区管理权竞拍相关的概念、制度、方式方法和竞拍流程等。国网江苏省电力有限公司充分利用沈高供电所绩效文化示范点的优势资源，因地制宜在沈高供电所创建了绩效文化实训基地（见图5-10），组织优秀台区经理人全方位、多层次的现场指导授课，近距离、面对面地进行沟通，为台区经理人现场答疑解惑，帮助各农村供电所及农电人员深入了解这一模式的优越性。实训基地的创建不仅可以为学习者提供优质的培训和教育资源、培养更多的专业人才，还为推广工作的开展提供了有力的支撑和保障，同时也提高了供电企业的社会形象和服务社会的能力。

图5-10 沈高供电所实训基地

（4）组织现场观摩。现场观摩会的现场展示活动表现形式生动具体，令人印象深刻，让参与者既可以近距离感受现场氛围，实地地进行观察和体验，深刻体会认识他人的实践成果以及成功经验；又能让参与者开阔眼界，增强创新意识，还可以吸引更多的人来学习，创造一定的广告效应。

为有效推广"三量三价"台区管理权竞拍模式的实际应用，国网泰州供电公司多次组织在沈高等供电所开展台区管理权竞拍现场会，邀请省、地市公司人力资源、营销农电相关人员现场观摩学习，接受体验式培训，将现场竞拍效果开放性地展现给各农电员工，并作为企业网站首页宣传的材料进行长期展示。2019年9月26日，国网江苏省电力有限公司在姜堰区供电分公司召开现场会推广台区管理权竞拍典型经验，通过现场观摩，将整个竞拍过程展示给大家，供大家参考、学习、研讨，让大家身临其境地感受台区管理权竞拍的氛围。2022年7月26日，国网江苏省电力有限公司绩效考核处率绩效文化示范点创建调研组到沈高供电所开展现场调研工作，一行人于沈高所三楼会议室现场观摩了"三量三价"台区管理权竞拍的整体过程，对"三量三价"台区管理权竞拍有了身临其境的感受和更深的了解，对沈高供电所绩效管理工作给予了高度评价和期望。

2023年4月20日，江苏省首场绩效文化示范点现场观摩活动在国网泰州供电公司举行，省绩效考核一行20家兄弟单位60余人参加"三量三价"台区管理权拍卖现场，观摩人员亲临竞拍现场，感受颇深。参观人员表示："'三量三价'台区管理权竞拍制度完善、流程规范、模式成熟已经形成可复制、可推广的'泰电样板''江苏经验'，此次观摩活动加强了省内各单位绩效管理经验交流，充分发挥了绩效文化示范点引领示范作用，为农电台区管理工作提供了新思路。"对观摩活动给予了充分肯定。

国网江苏省电力有限公司这种沉浸体验式的观摩活动作为一种特殊的学习方式，通过现场观察"三量三价"的台区管理权拍卖活动，使人更快地理解抽象概念、更快地学会新技能，加深对知识的理解，从中汲取经验和灵感，比对自身的不足，提高自身的能力，有效地促进"三量三价"方法的推广。到2023年6月，国网江苏省电力有限公司已组织10余场观摩活动，有20多个供电所尝试采用"三量三价"的台区竞拍方法开展台区管理工作。

国网江苏省电力有限公司百花齐放的线下推广方式，叠加新闻短讯的及时播报，在农电工作者心中形成了良好的信息反馈，达到了事半功倍的效果，极大地加快了"三量三价"台区管理权竞拍方法推广应用的步伐。

3. 制定配套政策，保障创新成果推广

（1）建立完善的组织体系，提供组织保障。供电所"三量三价"台区管理权竞拍方法的推广离不开专门的组织保障和制度保障，主要应设立绩效管理委员会和绩效管理委员会办公室负责绩效管理工作，二者各司其职，分工合作，共同领导各项工作。两个部门具体职责如下：

1）绩效管理委员会。根据省、市公司绩效管理要求，对全员绩效管理通用考核办法进行研究和审议颁发，同时由绩效办公室对考核办法进行说明；负责审定组织绩效合约；出席公司例会，评价各部门工作完成进度、审定绩效考核结果；当公司发生对绩效管理产生较大影响的事项时，组织相关人员对事项进行决议；对不同部室关于绩效方面的反馈意见进行检验审核。

2）绩效管理委员会办公室。为了缓解绩效管理委员会的工作，成立绩效管理委员会办公室，作为其分支机构，主要负责执行相关指令，主要以人力资源部为主，成员由公司各部门、业务科室的负责绩效管理的人员组成，负责全员绩效管理细则的起草；组织签订绩效合约；负责发布绩效考核结果；如果收到对绩效管理中的投诉信访，第一时间进行解决并监督解决的过程，确保整个管理过程中的公平、合理。

（2）建立推广实施节点计划，稳步推进。计划先行是"三量三价"台区管理权竞拍方法稳步推进的重要前提。通过制订明确的工作计划，使各单位的工作处于受控状态，目标更明确、工作效率更高、行动更协调，少走弯路，化繁为简。在各单位推广实施过程中，制订详细的工作计划，在保障节点目标完成与实施质量的基础上按计划稳步推行。

（3）实时监控，保障推广实施进度质量。在"三量三价"方法推广实施过程中，增加反馈和面谈环节；建立周会商、月度例会机制，每周召开创新成果管理推进例会，点评上周工作任务完成情况，提出修改意见，同时布置本周工作任务；定期开展对各单位台区绩效管理创新成果推广的测评工作，具体包括三个方面：

1）在推广单位实施过程中，建立周例会制度，每周总结项目成果、

经验，探讨相关问题，及时提交主管领导决策，制订下周详细工作计划。

2）在基层单位实施过程中，建立周例会制度，由公司全员绩效管理项目办公室、各单位主管领导及项目工作组负责人参加，汇报各单位实施进度与质量、疑难问题，总结各单位存在的典型问题，指导各单位项目实施。

3）在推广单位实施完成后，公司全员绩效管理项目办公室组织对试点单位、推广单位进行成果验收，并制定相关验收办法，从领导重视程度、组织体系、过程管控、文化推动、项目成果等多个方面对各单位全面绩效管理实施工作进行评价。

4. 强化绩效文化建设，护航"三量三价"推广

在供电所"三量三价"台区竞拍管理方法的推广工作过程中，绩效理念的提升与绩效管理方法的掌握是项目的核心目标之一，主要应采取以下方式构建绩效管理文化：

（1）公司各级领导高度重视，在各个场合宣贯绩效管理理念。公司主要负责人在工作会、年中工作会、季度会等重大会议上，阐述台区绩效管理创新的理念、目标、实施方法，提高各级领导的认识。

（2）组织专业培训。在"三量三价"台区绩效管理创新成果推广实施过程中，发动各农电员工进行集中学习，通过优秀台区经理人全方位、多层次的现场指导授课，帮助各农村供电所及农电人员深入了解这一创新成果的优越性。

（3）在实践中传递理念与方法。供电所可以通过开展台区管理权竞拍现场会，邀请省内各地市公司人力资源、营销农电相关人员现场观摩学习接受体验式培训，将现场竞拍效果开放性地展现给各农电员工，很好地将理论与实践相结合，直观地传递管理创新成果。

（4）广泛采取多种方式，营造绩效氛围。包括制作绩效文化展板、发放绩效文化宣传册、籍悬挂标语、张贴海报、摆放展板、跟进新闻报道、微信公众号等各种方式，在员工中营造绩效舆论氛围。

5.5.3 台区绩效管理创新成果推广的建议

绩效管理的本质从来不是简单的奖与罚，也不是束缚员工，而是激发员工，挖掘员工潜能。绩效管理的核心就是人和事，最终目标是通过人即员工，"做正确的事"和"正确地做事"。在这个过程中，最大限度地发挥员工的主动性和创造性，把事做成、做好。所以，绩效管理要达到的最佳效果就是设置有挑战性的目标和期望，激发大家的潜力，发展大家的能力，提升大家的敬业度，多快好省地完成企业的战略目标。国网江苏省电力有限公司基于"三量三价"台区管理权竞拍的做法已成功地诠释了这一点。随着台区绩效管理创新成果逐渐推广开来，提出以下几点建议供参考。

1. 完善培训机制，保障人才培养

培训有利于公司的发展，降低经营成本，提高工作效率。为不断提高员工工作效率，适应国家电网的体系进程，使企业的绩效管理有深层次的改进，员工工作更加积极，促进公司强有力的发展，应加强培训机制保障，除了对新员工的固定化培训，还需结合工作实际，邀请专家就职业技能、企业文化等进行讲解，开展定期培训、后备干部培训、技能提升培训等，强化员工的发展意识和组织归属感，进一步提高员工整体素质，提高企业竞争力和凝聚力，为企业发展和改革创新提供高素质人才。

在企业内形成勇于探索、积极学习的良好氛围，激发各年龄层农电员工的上进心，壮大企业的核心层、中坚层、骨干层人才队伍。建立优秀人才选拔的新机制，鼓励人才参加各类培训学习，不断满足台区管理整体素质和技术要求，将理论和实践相结合，在日常工作中实施锻炼，为提升农村电网有序发展奠定坚实的基础。营造良性竞争氛围，关爱台区经理人发展，做好台区管理权竞拍前的绩效沟通工作，了解台区经理人的思想动向，以业绩为指导，制定完善、科学、合理的激励机制，注重实践和贡献的评价标准。高度重视青年人才梯队建设，让青年人才厚积薄发，对有潜力、有后劲的青年创造历练的机会，开展台区经理后备人员选拔工作，为

完善台区经理人才库做好充分准备。

2. 鼓励改革创新，与重点工作形成联动

没有什么东西是一成不变的，只有创新企业才会有不竭的发展动力，善于继承才能善于创新，时代在进步，公司战略也会随着大形势的变化进行调整。在"三量三价"台区管理权竞拍方法推广过程中，一定要结合公司战略目标进行适时、适势的调整，将战略目标、责任与压力层层分解并落实到各级组织、各级员工，实现各组织层级与员工目标、导向一致，实现个体目标与企业目标的充分结合，还要充分结合公司的重点工作：保障电力供应和推动能源转型，把握凝聚人心、电网转型、服务升级、提质增效、改革创新五项重点工作，形成与重点工作的联动机制，有机结合，相辅相成，通过供电所绩效管理创新成果推广共同促进电网运营和管理水平全面提升，实现 1+1>2 的社会效益和企业价值。

3. 加强总结分析，积累宝贵经验

总结是对一定时期内的工作加以总结、分析和研究，肯定成绩，找出问题，得出经验教训，摸索事物的发展规律，是对以往工作实践的一种理性认识，用于指导下一阶段工作的一种方式方法。工作总结是做好各项工作的重要环节，通过它可以全面地、系统地了解以往的工作情况，可以正确认识以往工作中的优缺点，可以明确下一步工作的方向，少走弯路、少犯错误，提高工作效率。在"三量三价"台区管理权竞拍方法推广实施中，不能抱着以一方治百病的心理，各地资源禀赋存在千差万别，绩效管理需要充分与实际情况相结合，明确正向激励理念，充分挖掘各级组织及员工潜力，发挥其主观能动性，还要结合不同企业管理模式、管理文化与管理习惯等，逐步引导管理理念转变，提高绩效管理实施效率与效果。所以，在推广中对遇到的各种具体问题要加强收集整理，形成资料库，进行案例分析，为以后的改革发展提供经验积累。

　　国网江苏省电力有限公司近年来持续探索构建现代化管理体系的思路和做法。在管理理念上，打破方案经济时代遗留的因循守旧、得过且过的思维习惯；用人机制上，建立人才选、用、育、留等环节的有效机制；体系构建上，开展符合电网企业战略的人力资源开发，支撑绩效管理体系改革。在这种形势下，国网泰州供电公司采用增量、余量、存量即"三量"统筹全所"缺管"台区，组织所内业务骨干，梳理台区地理位置和服务用户数，划分成相应竞拍标段；采用充分询价、合理定价、公平竞价即"三价"对划分的标的物，按照询价、定价、竞价流程组织竞拍，将台区管理责任和管理收益分配到竞得台区经理。"三量三价"的典型示范，积极推动了江苏电网管理现代化的实现。

　　本书深入浅出，介绍了供电所台区管理现状、"三量三价"的具体内容、支撑江苏电力绩效改革的理论内涵、绩效创新推广方案和典型案例，内容覆盖面宽广，便于读者深刻理解内模市场转变下江苏绩效管理创新的荷兰式拍卖理念。"十四五"时期是国网江苏省电力有限公司推动国家电网战略在江苏落地实践的关键时期，电网企业绩效改革和创新体系建设是一个长期过程，在持续的研究和实践过程中，其内涵和外延会不断丰富，模式创新也才刚刚开始，更多的技术方法和成果将不断涌现。鉴于此，本书作为电网绩效改革与创新台区管理权竞拍培训教材，内容仍然是粗浅的，仅仅是适应这一发展时期需求的入门书。

截至目前，沈高供电所台区管理权竞拍模式已在泰州、无锡、盐城近20余家供电所推广，为各单位绩效管理提供了思路。随着内模市场建设在电网公司全面推行，内模市场逐步成为提质增效的推进器，成为精益管理新工具，全国均在迅速启动一系列绩薪联动的工作举措。

2023年，国网江苏省电力有限公司全面贯彻落实党的二十大精神，深入实施新时代人才强国战略，奋力推动公司人力资源工作高质量发展，为全面建设具有中国特色企业提供坚强组织和人才保障。完善的选用、考核制度是队伍奋发向上的助推器，国网江苏省电力有限公司台区绩效模式转变与国家强企人才发展战略理念一致，我们坚信在新的国家战略推动下，供电所台区绩效创新体系建设将得到更快的发展，台区管理权竞拍有着强劲的生命力，也必将有更好的未来。

参考文献

[1] 鲍金玲，刘刚．企业绩效考核方法的比较与借鉴 [J]．白城师范学院学报，2008（06）：73-75+93．

[2] 武欣．绩效管理实务手册 [M]．北京：机械工业出版社，2005．

[3] 樊铁钢，张勇传．电力市场中的风险及其识别 [J]．电力建设，2000（07）：5-7．

[4] 卓洪树．电网企业内部市场化管理 [M]．北京：中国电力出版社，2018．

[5] 卢建昌．电力企业管理 [M]．北京：中国电力出版社，2007．

[6] 杜松怀．电力市场 [M]．北京：中国电力出版社，2008．

[7] 傅莉莉，邹璇．电力企业绩效经理人履职成效提升的策略研究与实践 [J]．企业管理，2019（S2）：12-13．

[8] 郑永康．人本管理理念与企业内部激励机制 [J]．经济师，2007（06）：182．

[9] 荣伟涛．J 公司"90 后"员工非物质激励体系的优化研究 [D]．江苏：南京邮电大学，2021．

[10] 马英伟．KA 公司员工非物质激励研究 [D]．辽宁：大连理工大学，2013．

[11] 冯君浩．以人为本是现代企业管理的根本 [J]．广州市经济管理干部学院学报，2004（01）：29-34．

[12] 王明，洪千武．OKR 管理法则：阿里巴巴、华为绩效管理实战技巧 [M]．北京：中信出版社，2020．

[13] 刘跃文，郑晨．浅析绩效考评的经济学哲理 [J]．企业改革与管理，2015（19）：77-78．

[14] 栾忠飞，刘峰，殷伍平，张勇，莫志华．供电企业基于管理权竞拍的农电台区绩效管理 [C]．中国电力企业管理创新实践（2020）．北京：

中国质量标准出版传媒有限公司、中国标准出版社，2021：206-208.

[15] 张冠男 . 天津市电力公司绩效管理现状与对策研究 [D]. 天津：天津大学，2012.

[16] 潘龙杰，王华林，丁浩勇 . 施行台区管理竞拍 激发农电内生动力 [J]. 农电管理，2020（4）：35-36.

[17] 张文强 . 新媒体运营职业技能一本通 [M]. 北京：石油工业出版社，2018.